日本居酒屋遺産

西日本編

OTA KAZUHIKO
太田和彦

TWO VIRGINS

「日本居酒屋遺産」とは

一日の仕事を終えたお疲れ、仲間との気楽な語らい、久しぶりの友と会った一杯、なんとなく主人の顔を見に行くひとり酒。まことに居酒屋ほど心休む場所はない。

それが何代も続く店であれば、居心地はさらに深まる。ながく続いているのは、安価でうまい肴があり、いつも変わらぬ良心的な商売を続けてきたからだ。その居心地をつくるのは、創業からの店構えや内装だ。

ロンドンのパブ、フランスのカフェ、ドイツのビアホール、イタリアのバール、アメリカのスナックバー。世界の町には、何かと顔を出して一息つくための酒場がある。日本では居酒屋だ。それは町の人心を安定させるための欠かせない装置になっている。

今の日本の居酒屋の形態は、大正時代頃にカウンターを設け始めてから定まってきたのだろう。カウンター(勘定台)は英語で、時代小説に「男はカウンターに座った」とは書けない。しかし江戸期に酒屋で量り売りで飲ませたのが、「居」酒屋の始まりで、勘定台で飲んでいたのかもしれない。ロンドンのパブで、テーブルを避けて勘定台で立ち飲みしたのがバーカウンターの始まりと言われる。

安政三（一八五六）年生まれの神谷傳兵衛《かみやでんべえ》は、渡米してバーカウンターを知り、それを導入して明治四五（一九一二）年、「みかはや銘酒店」（明治一三年創業）を「神谷バー」として開いた。当時の写真に残る大カウンターはコの字が折れ曲がって延々と長い。神谷バーは今「登録有形文化財」に指定されている。

一方大阪では、座敷で飲むのに飽きた通人は、主人の料理仕事を配膳台越しに見ながら一杯やるようになり、その「カウンター割烹」は東京にも進出する。これはいずれも都市の成熟とともに生まれた、一人で外で酒を飲む自由さの現れだ。

店の主人を相手に飲むカウンター席、数人で相向う机席、ゆっくりやろうと履物を脱いで卓を囲む小上がり、大勢宴会ならば座敷と、あらゆる客に対応できる居酒屋の形態ができてゆく。

屋外の屋台といえども背に暖簾を背負い、ちょっと世間にはばかる心遣いは、道路に堂々とテーブルをならべて飲む西洋とはやちがう。「飲む場」にデリケートな日本人は、伝統家屋を基本に、落ち着ける居酒屋の様式を作ってきたが、東京では、関東大震災、第二次大戦をくぐり抜けた古い居酒屋建物は貴重となった。また地方は気候風土を反映しているのが興味深い。

客がそこに通うのは、酒肴もあるが、建物の居心地の力が大きい。居酒屋の「居」は居心地の「居」、居場所の「居」。その長い歳月をくぐり抜けてきた建物に自分を重ね、自分の生きてきた人生を肯定する場所だからだ。

文化遺産、自然遺産、産業遺産などの「遺産」とは、今その価値を保護しないと消滅する危惧のあるものを言う。長い歴史を経てできたものは再現できなく、それゆえに価値がある。私は「居酒屋遺産」を提唱したい。その条件は、

・創業が古く昔のままの建物であること。
・代々変わらずに居酒屋を続けていること。
・老舗であっても庶民の店を守っていること。

「創業が古く」とは明治〜昭和戦前、戦後も昭和三〇年ごろまでは加えよう。「代々変わらず」ならば現主人は三代目以降くらいか。「庶民の店」とは、居酒屋とはそういうものだからだ。

この本は古い居酒屋を「日本居酒屋遺産」として記録しようと試みた。気軽に入れる店ばかり。名物の肴で一杯やりながら、ぜひ店内を見回し、その価値を知っていただきたい。

「東日本編」に続く本巻は「西日本編」として一〇軒。あわせて東日本編に間に合わなかった一軒を補遺した。

太田和彦

日本居酒屋遺産 西日本編

11 JAPAN HERITAGE OF IZAKAYA

Japan heritage of izakaya. West Japan

日本居酒屋遺産 西日本編

目次

人と人とが紡ぐ、空間の記憶——

店は淡々と誠実にいつもと
変わらない日々のしごとをし
客は落ち着ける場所を求めて
いつものように暖簾をくぐる。

「今日は一日、
誰とも会話してないな」
ふとそう思った馴染みの客が
ふらりと店へと足を運ぶ。
店主の前のカウンターに座り
特別な会話を交わすわけでは
ないけれど、小さくひとこと
挨拶を交わす。
そんな何気ないやりとりが
行われる場所こそが居酒屋なのだ。

戸を開ければどの店も
「ただいま」とつい
言ってしまいそうな
懐かしく、あたたかい空気が漂い
カウンターの特等席は
長年共にした肌着のように
肌触りが良く
手を置くとほっと安心する。
通う人がそれぞれのスタイルで
ゆったりとそれぞれの思案に耽る。
居酒屋とは
「誰かのための場所」ではなくて
通う人々が、その日の気分次第で
好きなように過ごす
自由な空間なのだ。
そこで交わされた言葉は
永遠にその空間に刻まれ
店主と客
それぞれの想いが積み重なり
長い時間をかけて
得難い余韻を残していく。
人と人がつながり
かたちづくられた空気が
脈々と受け継がれていくのだ。

1 JAPAN HERITAGE OF IZAKAYA

まさに居酒屋の理想の姿
大甚本店
——愛知県 名古屋市

創業は明治四〇年
交差点の角に整然と佇む「大甚本店」
戸を開ければ
圧巻の燗付け場に出迎えられ
中央に鎮座するのは白木四斗樽
万全の居酒屋の空気の中
見知らぬ客と大机で肩を寄せ合う
好みの肴小鉢を手に取り
ぬる湯長風呂で燗された酒としみじみ味わう
決して気取らず驕らない
まさに居酒屋の理想

酒
大甚本店
営業中
募集
委細面談
TEL 231-1909

明治の時代から脈々と続く居酒屋の良心

名古屋の目抜き広小路伏見、大交差点角の居酒屋「大甚本店」。開店は夕方三時四五分だが、すでに数人が待っている。

コンクリート造の四角い縦箱形三階建ての、通りに面した側全体は自然丸太を縦にならべて化粧され、一階右半分のみ黒い角柱を整然と連ねて自然丸太との対比で雰囲気を変える。そこに「大甚」の大きな切り文字をおさめた立派な箱をかけ三角庇がかぶる。昔は提灯を下げたが、通行の邪魔とこれに変えた。左半分は、「創業明治四十年　大甚本店」の表札をかけた太丸太を門構えに、少し引っ込めた玄関で、まだ暖簾は出ていない。二階三階は横長ガラス窓でスパンと切られ、建物全体はモダンな木造という感じだ。

店先の庇の下「大甚」の切り文字を上下から光が照らす。

玄関戸を開けた店内はかなり広く、厚さ一五センチもある頑丈そのものの一枚板大机が奥まで六つ置かれて赤カバーの丸椅子が囲む。昔の鉄道駅にあったような大きな丸時計、また振り子の柱時計、ビールや酒のポスターなどが貼られた板壁は年季を経て、壁際の畳表を敷いた長腰掛けの客の背があたる部分だけは白い。

これは店内の右半分。左半分は燗付け場、その奥は料理小鉢をならべる大台、またその奥は仕切られた明るい一室でここでは生魚を調理する。床を不ぞろいの黒石で敷き詰めた広い店内は、さあどこからでも来いという万全の居酒屋の空気だ。

圧巻は燗付け場だ。玄関すぐ左は赤煉瓦とコンクリートでがっちり固めた二連の大竈にガス配管され、差し渡し一尺の大鍋と五升炊き大釜が嵌《は》まる。左の鍋は湯に盃が幾十も沈んで常時温められ、右の釜は木の蒸篭を嵌めて十字に仕切った間に酒の入る徳利が何本も立ちならんで燗されている。出番を待つ徳利が二〇本ずつ盆に待機して布巾がかぶり、小レジスター、ガラスコップ戸棚、五玉の大算盤、領収書の台と続く。

その場の中央に主役として鎮座するのが白木四斗樽だ。年季の入った古い燗付け場に白木は清新の気を放ち、キリリと締めた青竹タガが場の空気を引き締める。

その酒「賀茂鶴」は広島の酒蔵の大甚専用タンクから毎日二樽が運ばれて交換される。届いた樽は全体が透明ラップされ、赤い印のついた「飲み口」器具がつく。

届くとまず横倒しして下部の「へそ」にこれを嵌め、木栓するのが最初の仕事だ。酒は木栓をひねって柄つきの大片口にとり、じょうごで徳利に小分けする。じょうごに残った滴は置いたちろりに溜める。片口はほこりがかぶらぬよう専用木蓋があり、柄つきの一合枡は小徳利用。樽酒をお燗するためだけの大小道具が勢ぞろいし、つねに置いた布巾であたりは清潔が保たれる。火を扱う竈まわりは伏見稲荷お札、「火の用心」張り紙、「大甚」と入る昔の通い徳利が置かれた「竈の神」の場所。居酒屋は酒あってこそ、酒を大切に扱ってこそ。ここが日本一の燗付け場だ。

好みの肴小鉢を手に取り ややぬるい燗酒と

店内にカウンターはなく、六、七人掛けほどの大机席が

玄関から見渡した店内。6卓のテーブルと赤いカバーがかけられた丸椅子がならんでいる。

この本で紹介されています
の
酒場
日本全国から厳選204店
太田和彦の
居酒屋味酒覧
〈決定版〉
当店掲載！
270
270
500
780
500
780
12月

270
320
大甚
賀茂鶴
広島錦
750円
大甚

料理はガラステーブルに小鉢がならべられており、自分で取りに行くシステム。

占領する。客は順次どんどん入れ込み、隣に誰が座るかはわからず、相席はいやなどと言う客は来る資格がない。席を確保した客はすぐ立って燗付け場ならびの大台に満載された肴の皿小鉢を自分で取りに行き、席に戻って酒を注文。温められている酒は一〇秒で届く。燗付け場に立つ主人はつねに店中を目配りし、手を上げる客にはすぐ出向き、どんなに混んでも渋滞することはない。

「どんなに混んでも」と書いたが、開店を待てない客はその前に入ってしまい、まだ薄暗い店内でじっと待ち、時間きっかりに明かりがつくと肴を取りに立つ。したがってつねに満員状態なのだ。初めての客はこのシステムに興奮し、盆を借りて一度に四皿も五皿も取るが、常連はあわてず、いつもの一皿か二皿を手に取り、自席に置きながら主人の目を見て指を一本立てれば即燗酒と盃と箸が届く（私はこれです）。

しかしまだこれは初歩。最初は混みあう小鉢机は避け、その奥の鮮魚コーナーでガラスケースに待機する本日の鮮魚、マグロやタイ、アジ、イカ、赤貝などを指さし、焼魚、煮魚、天ぷらかを注文すれば、しかる後に届く。アジ、ブリ、シャコなどすでに調理された皿盛りもいくつもならんでそれは手渡しで受け取る。私は鮎が出ていれば必ず塩焼を注文しておく。

さてその自分で取りにゆく肴小鉢は、かしわ旨煮、モロコ佃煮、鶏胆、いわし生姜煮、タラコ、イカぬた、百合根、里芋、丸いか煮、ポテトサラダ、鳥貝、蕗煮、おひたし、煮タコ、煮穴子、豆腐、板わさ、すき煮……。およそ考えつくあらゆる季節の肴がぎっしりならぶのは壮観で、人気は穴子や鯛の子などの煮物。出来立ての煮物が湯気を上げて追加され、なくなった肴は大皿からどんどん取り分けられる。味は名古屋らしく濃いめだが転勤族が増えてずいぶん薄味になったそうだ。冬は小鉢に湯豆腐、鱈ちりなどと書いた紙が置かれ、それを渡すとやがて熱々の小鍋立てが届く。

これらが野菜もの二七〇円、魚もの三五〇～五〇〇円と格安で、値段と相談してなどと考えなくてよい気楽さがいい。ちなみにある日の私は、新筍と絹さや煮、白和え、アジ刺身、注文しておいたメバル煮魚と、まったく言うことなし。指一本で届いた徳利を前に、さあ始めるぞと手を擦り合わす瞬間よ。

ツイー……。

うまいなあ。そのはずだ。毎日樽で納品される酒はほのかに樽香があり、ややぬるい燗温度はピタリ。何十人もから次々にとぶ注文にそのつど燗していたのでは間に合わず、順番もわからなくなるのを、この大釜に待機する徳利が、注文即届けと解決する。

その、明治の開店以来使い続けている徳利がすばらしい。一合八勺ほどの太め寸胴に細口の関東徳利で、紺染付の松竹梅柄、裾を巻く連続模様、そして「大甚」の号。私は日本一の徳利はこれと思っている。酒飲みならわかるが、小さな京徳利の一合弱はあっと言う間になくなるが、このくらいの量がじっくり重ね、さあもう一本いくかの思案どころになる。日本酒は急いで燗するよりも、適温の湯に長く浸かっていると芯まで温まってやわらかく、風呂と同じだ。そのときこれも風呂と同じで肩まで沈むことが大切。ここ

奥のガラスケース内には日替わりで鮮魚がならび、調理法は自分で指定する。

の長い徳利も首まで浸かって気持ち良さそうだ。こうして燗された酒が冷めないのは、ぬる湯長風呂が湯冷めしないのと同じだ。

カウンターで主人相手にではなく、祭の寄合酒のようにがやがや飲む机席がメインだが、奥に進んだ細通路の先は広い小上がり畳座敷で、四人机五つに座布団が置かれ、ここであぐらをかいて飲むのもよい。会社帰りの四、五人組などはこちらで好きなように机をならべ、若いのに「何か適当に持ってこい、ビールは三つな」などと指示している。

それだけではなく一階玄関右手の広い階段を上がると二階大部屋で、いくつもの広い机にこちらは背つきの椅子。窓際はカップル用というか、二人ならんで外の通りを見下ろせる別席。その逆奥にはここも畳の小上がりがあり、こちらはさらに小さな二人向かいの小机がいくつか。木の上がりがまち、竹矢来の舟底天井、丸い床柱と風情をつけ、ここで一人、机に座るのも、なんとなくオレはここでいいという味わいがある。

この二階にも真ん中に赤煉瓦のへっつい（竈）があって酒を燗し、肴小鉢もならぶ。足りなくなれば下に取りにゆけばよい。すべての勘定は皿小鉢、徳利、ビール瓶の数で

細口の関東徳利。明治の開店以来、使い続けている。

1階奥には小上がりの座敷がある。

しゃっと算盤を入れてすぐに計算され、まことに明快だ。

この建物は昭和二九（一九五四）年、「小さな店は請け負わない」という竹中工務店を口説いて依頼したもので、踊り場のある広い階段は欅、腰板は檜、地震がきてもうちだけは残るでしょうという頑丈なものだ。私見では、内装こそ和だが、全体設計はバウハウスを起点とするモダンに感じるのは当時の竹中の先進性か。今は重厚に黒光りし、厚さ一五センチもある檜一枚板のいくつもの大机、併せて作った椅子も全くガタはなく、堅固な大竈もそうだが、しっかり作って長く使う見本だ。

1階に並ぶ6卓のテーブルは一枚板で厚さは15センチほどもある。

世代を超えて愛される居酒屋の理想の姿

大甚の歴史は古い。愛知県海部郡大治村で地酒「大甚」の名をとり山田徳五郎が始めたが二六歳で早世。妹・ミツが継ぎ、明治四〇（一九〇七）年、名古屋に移した。昭和二〇（一九四五）年に店は戦災で全部焼け、昭和二三（一九四八）年バラックで再開。そのときから樽酒に賀茂鶴を使い始め、店にある酒蔵からの感謝状〈貴店は戦前戦後を通じて賀茂鶴拡大に並々ならぬ……〉に実感がこもる。

ミツの才覚と人柄は多くの人に愛されて店の基本ができ上がったが、働き詰めて五五歳で没し、徳五郎の息子・甚一が二代目を継ぐ。それまでは注文があると料理を盛り分けて出していたが忙しくなり、甚一の息子・弘が通っていた大学の学食で、お盆を持ち自分で料理を選ぶのを真似て肴小鉢をならべ置くようにした。

その弘さんは三代目を継ぎ、縁の太いシャネルの眼鏡、胸の栓抜きをトレードマークに、張りのある声、きびきびした動きで店の司令塔となった。燗付け場に立つ不動のお燗番は奥様・良子さん。二階は二人の息子さんが受け持つ。

弘さんは長男の泰弘さんと毎朝七時にバイクで仕入れに

行く。料理は同じものでも毎日作り、一日ですべて売りきる。今日は撮影のため昼過ぎに来ると、一階すべての机に次々に煮上がった料理が大皿に湯気を上げ、一番奥では弘さんが一心に次の支度をしている、およそ六人もいる賄いの女性たちは無言のまま動き歩いて役割をどんどんこなし、カメラなど持ってうろうろするのがはばかられる。

　一皿わずか二七〇円の料理をここまで丁寧に支度するのは、居酒屋の仕込みというよりは、何か使命感を持った社会事業を黙々と進めているようだ。こども食堂はあるが、

2階奥の小上がり座敷はとても落ち着く。

これはおとな食堂ではないか。客は感謝の気持ちを決して忘れてはいけない。

　これだけ数多い大皿が開店に間に合うのだろうかと思っていたが四時少し前になると見事に整い、要所に人が立ち迎え、弘さんも正位置へ。我々も取材を終えなければならない。

　そして隅の席に座った。私は、煮穴子、鶏胆、シャコ。そうしていつもの燗酒を。席は早くも埋まってきて常連はそれぞれ自分の座があるようだ。中高年、若いの、早くも来ている背広族は、地元の人はまだ勤務中のはずゆえ、出張仕事を素早く終わらせて一目散に来たようだ。新幹線最終に間に合うようにタクシーを飛ばす人は大勢いるとい

小皿が少なくなれば、この大皿から
追加で取り分けられる。

う。すぐ近くは御園座で、公演のあるときの中村芝翫さんはここに間に合うよう出番を早くさせたとか。私もあるとき背側に名優・大滝秀治さんが座り、もれ聞こえてきたのはやはり本日のダメ出しだった。

昭和一三（一九三八）年生まれの弘さんは、今年令和五（二〇二三）年三月の誕生日に八五歳で引退と決めた。してみれば今日の仕事への集中は最後の気持ちがこもっているのだろう。奥様もまたお燗番を退かれた。

四代目となる泰弘さんは小さい頃、刺身を切る祖母の背におんぶされ、中学生ではもう店を手伝っていた。五年前から板前やスタッフと相談し、グラタン、アジフライ、牛ステーキなど洋食系や〈昭和の肉野菜炒め〉などというものも増やした。それまでは朝仕込んだものが売りきれると閉店で、忙しい割に売り上げが伸びなかったのを、オーダーで作る品を増やしてハイボールや酎ハイも加えた。店も客も世代交替になってきたのだろう。今や全国から来る客に「名古屋らしいもの」を加えようと基礎になる自家味噌作りを始め、五年かけて自信がついたというのが頼もしい。お客さんに「楽しかったよ」と言われるのが一番うれしいと言う。それは「おいしかった」も含め、ここに居る時間がそうだったということだ。

自分の好みの肴を自分で選び、誰に気兼ねすることもなく、身分上下なしに同じ机を囲んで飲むのは居酒屋の理想の姿だ。政財界で部下に威張っているだけのような輩をここに連れてきて自分でやってみろと言いたくなる。大甚は日本の居酒屋の頂点だ。

壁上に飾られた、昭和二五（一九五〇）年に亡くなった山田ミツさんの古い白黒写真が店を見下ろしている。あまり旅行などしたことはなかったが、亡くなる三年前、孫のように可愛がって小学生になった弘さんを連れ、日光、箱根に旅行したのが良い思い出と聞いた。弘さんはこの写真に見守られて立ち続けたのだろう。

昭和25（1950）年に亡くなった、
初代の妹・山田ミツさんの写真。

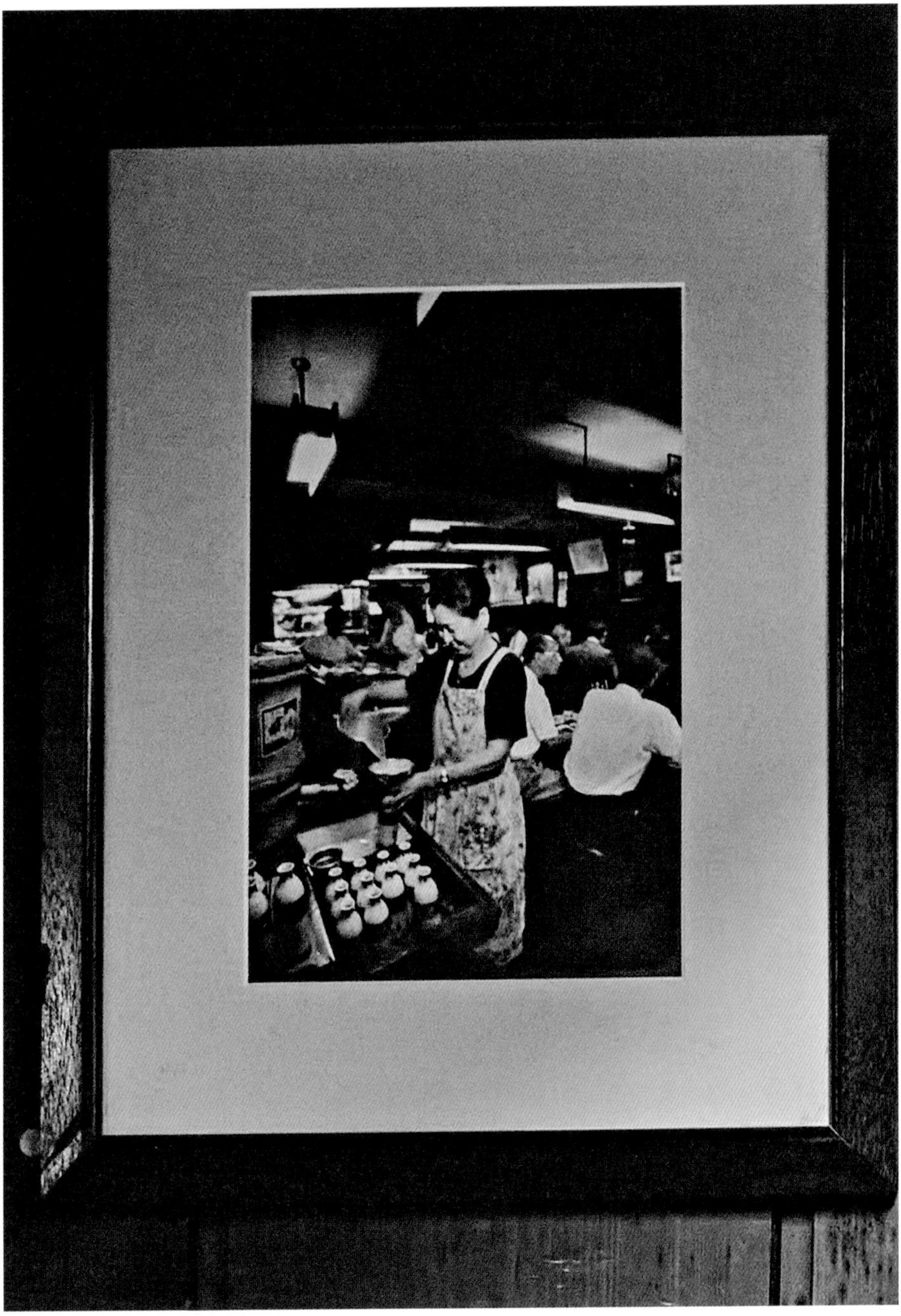

夫唱婦随。弘さんの奥様は、ずっとお燗番をつとめた。

OUTLINE
店舗概要

FOUNDED 一 **創業**

明治四〇（一九〇七）年頃に名古屋市で創業したと思われるが、確かな記録は残っていない。四代目・泰弘さんが知る限りでは、店の雰囲気は長年変わっていないそうだ。

HISTORY 一 **歴史**

昭和二〇（一九四五）年の名古屋大空襲を受け、一帯は焼け野原に。それに伴う区画整理で店舗の場所以外の土地を売却した記録が残っている。昭和二九（一九五四）年、現在の建物を普請。本店以外に「中店」「大須店」「錦店」も開店した。

❶窓硝子
通りの角柱列からは、日が暮れると店内の様子が見える。

❷暖簾
「酒」一字の紺暖簾。右に「創業明治四十年」の表札。

❸屋上
建物屋上。「酒王賀茂鶴」の巨大看板が目印。

FILE

創業	明治40年／1907年
エリア	愛知県名古屋市
創業時の形態	居酒屋
構造	コンクリート造の三階建て
店主	山田泰弘（4代目）

CUSTOMER ― 客層

メインは五〇〜六〇代の常連客だが最近は若者も増加している。劇場・御園座が近所のため、舞台を終えた歌舞伎役者が足を運ぶことも。また出張で名古屋を訪れた会社員が開店と同時に店を訪れ、終電に間に合うよう急いで帰る姿も散見される。

二階席もまた、理想の居酒屋を体現

広い回り階段を上った2階。奥右は小上がり、手前はテーブル席が6卓、窓際には2人席がある。

1階と同じ煉瓦へっついに大釜のお燗場。

客の背ですすけた土壁の味わいに、桔梗の花の絵が。

積日の歴史を見守り続けてきた道具たち

燗付け場の白木樽を囲む様々な道具類。

燗付け場。玄関を入ってすぐにあり、赤煉瓦とコンクリートで固定されて鍋と釜がどっしりと置かれている。

大きな丸時計の隣には振り子の柱時計が寄り添っている。

長年使われてきた、5つ玉の木枠の大算盤。

DATA 大甚本店	愛知県名古屋市中区栄1-5-6｜052-231-1909｜15:45〜21:00、土(15:45〜20:15)，日・祝定休(8月14〜18日は夏期休業)

2 JAPAN HERITAGE OF IZAKAYA

京都の日常を垣間見る

赤垣屋

——京都府
京都市 左京区

京都、鴨川沿いの川端通
二条大橋のたもとに浮かぶ赤いネオン
観光とはまったく無縁
孤立した風情の名居酒屋がここにある
奥に伸びるL字のカウンターは
ベニヤ天井から吊り下がる
白笠の裸電球に照らされ
その圧巻の佇まいに姿勢を正す
黙々と誠実な仕事はお燗にあらわれ
それに応えるかのように
客は静かに盃を重ねる
残すべき居酒屋の空気

赤垣屋

赤いネオンに誘われ
古き良き酒場へ

私が日本の居酒屋について本格的に書き始めたのは平成七（一九九五）年、月刊誌「小説新潮」の連載「ニッポン居酒屋放浪記」からだ。年齢四九歳。その第五回京都編で赤垣屋を初めて訪ねた冒頭部を引用する。

〈川端通りを行くと川に面して一軒のしもた屋の居酒屋がある。「赤垣屋」の赤いネオンはいささか安っぽいがまあ入ってみるか。上半分が障子の番所風引戸を入ると小さな玄関の間で、そのまま縦長に奥へ続きカウンターになる。その入口近くに席をとった。

ゆったりした空間の大きな店だ。踏みしめられた三和土は堅く、壁は割竹が貼られベニヤらしき天井は黒く古びている。カウンターの下は網代貼りで足のせは台つきの丸太、カウンター前の浅い立ち上がりは少し粋な塗り仕上げ。天井から昔の実用品の電灯が下がり親子ソケットに裸電球がつく。正面上に酒蔵寄贈の大鏡が二枚並んでいる。一方は「名誉冠」、もう一方の「大黒娘」と「親孝行」は聞いたことのない酒だ。親孝行、か。民家の改造ではなくはじめから居酒屋のようで、相当に古くよく磨かれて光り、ひんやりした静謐感がある。——これは素晴らしい店だ。〉

日本全国で酒を飲めるというのん気な企画で始めた連載だったが、この「赤垣屋」との出会いが、今に続く私の居酒屋観の原点となったのは間違いない。それから二八年、今もこの描写通りに全く変わっていない。その後も通い続けているが、今日はもっと詳しく見てみよう。

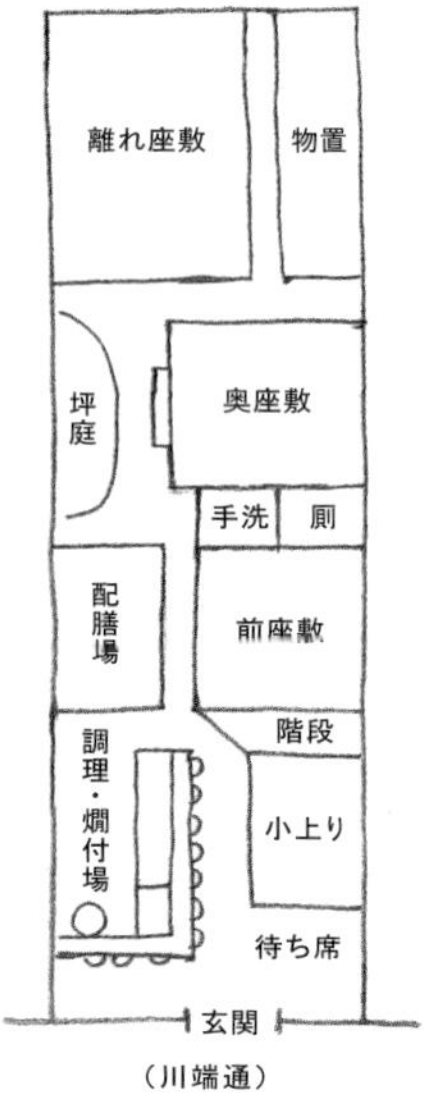

京都ならではの奥に長い造りを記した店の見取り図。

あらゆる酒飲みを満足させる
さすがの居心地

玄関引戸を開けると夕涼みのような竹の長腰掛けを置いた待ち席。左方は、手前三席・奥長手に七席のL字カウンター。中は調理場で角におでん槽を据える。壁は、節を揃えならべた細割竹の艶が美しく、カウンター立ち上がりは

厠を抜けると小さな坪庭が現れ、奥座敷の格を上げる。

網代、足乗せは丸太。

右方は畳三畳の小上がり座敷で、二人向かい合いの小机が三つ。手前待ち席とは障子で仕切るが、開けているときもある。

小上がり座敷の先右は二階への階段で、上がりがまちは、店が混んで席がないとき「ちょっとここ借りるよ」と横座りしてビールケースに乗せた盆で飲む、常連特等席だ。

その奥は畳四畳半のいわば「前座敷」で、置かれた長机で数人まとまって飲むのによい。

その先は外に出た坪庭で椿植え込みや石灯籠が配される。手前右は手洗い場で奥は男女別の厠。きちんと独立したそこは「表玄関より立派な」縄暖簾で、少し隠すように植え込み鉢が置かれる。ほろ酔いで用に立つと自然に坪庭の外気に触れ、雨天ならばしばし雨足を見ることになり風情がわく。雪が舞うのも見た。

その奥隣は大きな沓脱ぎ石に小さな濡れ縁のあるいわば「奥座敷」。四畳半真ん中を堀こたつにして朱の大卓を据え、押し入れもある白壁の腰下を紺で引き締める。濡れ縁の上がり障子は開けても閉めてもよく、やや人目を避けて飲める。私は教えていた大学の「卒業後修学旅行」八人ほどでここで飲み、大好評だった。

2代目・伊藤博利さん、博利さんの息子である3代目・剛氣さん。

そこで建物は終わるが、すぐ突き当たりは別棟の六畳間でいわば「離れ座敷」。書院造りの床の間に花を飾り、四人用の上等な卓が筋交いに二卓置かれ、四人、四人がそれぞれの卓でじっくり飲むのに最適だ。建物のコンクリート補強柱や設備機器などはすべて檜皮葺きで覆い、無粋なものを見せない配慮が行き渡る。

カウンター→小上がり→前座敷→奥座敷→離れ座敷と、奥に進むにしたがって店の喧騒は遠ざかり、しつらえは高級になって居心地が変わってゆく。

今日は初めて二階を見た。古い柱時計が踊り場にある階段を上がると回り廊下で、ガラス戸から外の瓦家の家並みが一望だ。手前座敷は八畳に塗りの大卓を二つ続けて座布団八枚。奥の四畳半はさらに別格に天井は浅い斜めの舟底天井、床の間に飾り棚、細障子の明かりとりをあてがい、大きな木彫の鯉を置く。この二階座敷は京都旦那衆などの集まりに最適か。

私がいつも座るのはカウンターの角で、当店の客であることを意識して姿勢良くきちんと、「店の雰囲気をオレがつくる」くらいの気持ちを持たねばならない。一方そう緊張せず、向かい小上がりで一人卓にあぐらをかき、やや客観的に店の雰囲気を見ながら飲むのもたいへん結構。

前座敷はすぐ前に、頭タオル巻、白衣、酒蔵前掛け、ゴム長履で働く若者店員がつねに数人待機して立ち、仲間気分で「それ何?」などと聞いたりする親近感がわく。

奥座敷では編集者とじっくり飲んだこともあった。いつかは離れ座敷で、世話になった人を招いた宴を張ってみたい。宴といっても酒肴は同じで、いつものおでんやにしん煮で飲むのがいい。

すばらしきはカウンター上の照明だ。かなり上のベニヤ天井から真っ直ぐにコードが下がる白笠の裸電球は、上を深い暗闇にしているのが絶妙だ。暗いところから下りてくる光、裸電球とはなんと優れた照明だろう。

湯気がのぼるおでん。おでん槽の横でお酒をお燗できるようになっている。

2代目・博利さん、練達の包丁さばき。

これらすべての何十年の時が堆積し佇まいは、おのずと姿勢をきちんとさせる。

場所は、京都繁華街の中心、四条河原町や祇園から離れた、鴨川沿い川端通・二条大橋のたもと。あたりは地元の小さな会社や普通の家で、全く観光とは縁のない場所だ。

二階建ての黒塗り板壁に小さな木戸、短くぼろぼろの縄暖簾はようやく新しくしたようだが、そのおよそ客商売を感じさせない素っ気なさに、京都の名居酒屋と聞いて訪ねた人はまず「ここではないな」と思うだろう。とってつけたようなわびしい赤ネオン「赤垣屋」がますますそう思わせ、観光都市京都などとは全く無縁に昔から黙って続いているだけの孤立した風情だ。

初めて来たときその外観に、京都に来てなにもこんな店に入らなくともと思ったのだったが、以来、京都に来るとは赤垣屋に来ることと、宿は店前二条大橋対岸のホテルフジタが定宿となった。あるとき部屋の窓から、店で待ち合わせた人が橋を渡って向かうのが見え、あわてて後を追ったことがあった。その後ホテルフジタは超高級外国人向けホテルに変わってしまい私には使えなくなった。

しかし、五時開店の五時に入り、カウンター角に陣取って最初のビールをぐーっとやってふり返り、夏ならば開け放った玄関からの鴨川の川風を感じ、真西に沈む夕日を眺めると、ああ京都に来たなあという気持ちになる。

地元人が通う
ほんとうの京都

居酒屋赤垣屋は昭和七、八年頃から三条京阪の別の場所にあり、そこに酒を納めていた伊藤末次郎は、戦争が始まって「あんたこの店せえへんか」と言われ、昭和一八、九年頃赤垣屋の名のまま引き継いだ。戦時中は酒は配給制、出征とままならなかったが、戦後の昭和二四（一九四九）年に移転を決め、当時で築一〇〇年は過ぎていた、川端のこの建物に入った。そこはそれまで炭屋で一階は炭俵やリヤカー置き場、二階は事務所だった。最初はご飯はなかったが食堂のようなもので、仕込みをしている最中に、昼休みの日雇い労務者が勝手にコップ酒を飲んで一品食べていったそうだ。

昭和三九（一九六四）年、建物をいったん壊して更地にし、外側は軽量鉄骨、内装は、残しておいた台湾檜のカウンターや、竹や柱など極力古いものをまた使った。

息子の伊藤博利さんは中学生の頃から店を手伝い、二四、五歳になると本格的に立ち、昭和六四（一九八九）年に父が亡くなって二代目を継いだ。父の末次郎は無口で店を継げとも言わなかったが、母の好江は、「利は元にあり」物も時間も無駄にしなければ利益になる、最後の最後まで大事にせなあかんと教えた。

私が心ひかれたのは、観光店ではない、地元人が通う居酒屋に巡りあった気持ちからだった。観光店は一度きりだから多少ぜいたくもして客扱いも期待するが、地元の住人が通う居酒屋は良心的な安あがりでなければならず、見せ

おでんの側でお酒をちろりに注ぐ、3代目・剛氣さん。

かけの京都らしさなどいらない。京都は大学の町で、ここや裏寺町の立ち飲み「たつみ」は大学の先生風が多く、ノーベル賞の難しい話で安酒を飲んでいる光景にほんとうの京都の生活を見たと思ったのだ。

客も自分の流儀をもつ。ある日の光景。カウンターの隣りの方は何も言わないのにキリンスタウト黒ビールとコップ酒、爪楊枝が置かれ、肴は見つくろいで少しずつ出てくるのが決まりらしく、やがて黒ビールをコップ一杯残して「酒、ハモおとしは軽め」と初めて声を出した。

その人が立つと、小上がりでそわそわ飲んでいた人が、待ってましたと言うように自分の皿小鉢を持って移動してきて、ここがオレの指定席と満面の笑みだ。満員で席がないと、顔見知りはカウンター奥突端に椅子を置いてもらい、包丁を持つ主人と話せる特別席になる。階段上がりがまちでビールケースで飲むなど、常連は「オレはここでいい」というのが好きなようだ。

昔、俳優の渡辺文雄さんがお茶屋に連れていってくれるというので期待したが、座ったのは座敷ではなく廊下に盆を置いての座布団座りで、「えろうすんまへん」と言われながら、出入りする舞妓さんに「よう、お帰り」などと声をかけて手酌で盃を重ね、ここで飲めるようになるのに一〇年かかると小声で教えられた。

京都は一見さんとごひいきさんをはっきり分け、それが変わらぬ文化の継承になっている。私も京都に飲みに通うようになって「おとなしくしていること」が最も肝要とわかってきた。「今、東京では」などの話は厳禁、京都の人は東京になど全く興味がない。そうしてきれいに飲んで回を重ねると「おこしやす」と言ってもらえるようになる。

私も赤垣屋通い始めは、目の前のお燗番と話もしたが、いつしか「いつ来やはった」とも聞かれなくなり、こちらも「ビール、しめさば」と注文を言うだけになった。しかし気持ちは通じているのがわかる。

その名お燗番が木藤《きとう》さんだった。注文を受けると後ろにある「名誉冠」四斗樽の木栓をひねって片口にとり、おでんの上でステンレスの細身ちろりに注ぎ（ちょいとこぼれてもおでんの出汁になると言っていた）、おでん槽脇の燗付け湯に浸け、左手中指をちろりの肌にじっと触れている。中指が温度計だ。頃合いで上げて掌で包んで温度を確かめて徳利に移し、さらにもう一度湯に沈め、引き上げて掌で確かめ、布巾で拭いて出し、最初の一杯は酌してくれる。その酌は、こちらの上げた盃に徳利の腹を当て、そのままスーと盃に沿わせて滑り下ろし、徳利の首で止めて傾けて注ぎ、すっと離す。こうすると一滴もこぼれないそうだ。

木藤さんは「燗は難しいです、その日の気象、常連の好み、一本目、二本目では温度も変えます」と言っていた。三〇年前初めて訪れたとき、あまりに気に入って翌日も訪ねて酌されたとき「すみません、昨日よりちょっと熱くなってしまいました」と言われた感動の印象がその章の末尾になった。

肴は横長の付き板に書かれ、鴨ロース、くみあげ湯葉、てっぱい、なす田楽、胡麻豆腐などおよそ四〇種。私はたいてい時季の刺身から始め、万願寺ししとう、笹かれい焼、なすとにしん煮など。おでんは大根、焼とうふ、がんも、か。

満員になっても過ぎた酔っ払いなどはいなく、誰もが静かに飲んでいる。その空気を作っているのが、「カツオ」「へい、カツオ一丁」「カツオ一丁、ありがとうございます」と、注文を主人まで声高に伝達するくり返しだ。カウンター奥が主人の包丁場、その奥の火を使う調理場は三〇年のベテラン、この二人が料理をすべて賄う。燗付けはこのほど三代目を継いだ息子・剛氣さん四〇歳が立ち、三〇年ほど勤めて先頃引退された木藤さん流を慎重に行う。

運びに立つのは、半袖白衣、酒蔵前掛け、頭タオル巻、ゴム長靴、胸にボールペンのバイト学生たち四、五人だ。無駄口は一切なく、つねに客の様子を注視する運動部系のきびきびした動きはまことに気持ちがよく、全員が仕事に集中するぴりりとした空気の清々しさがいい。

ここは大衆居酒屋でありながら「店の格」を感じる。それは主人の美学が作った格ではなく、古い店に余計な手を加えず、黙々と誠実な仕事を続けてきた積み重ねが客の意識を高級にした、客が作った格だ。これが赤垣屋の最大特徴と言えよう。

「つねに同じものを一から作るのが居酒屋の注文、手抜きはできません」と言っていたご主人・博利さんは高齢七五になられ、包丁場には不定期で立つようになったが、「〇〇一丁、ありがとうございます」の律義な返事は店を凛とさせている。昔は、毎日来てさっと帰るおなじみさんばかりで安心感があったが、ここ数年は観光客が増え、常連が一杯やる姿が減ったのが淋しいそうだ。

居酒屋は飲んで食べるだけではない、そこにしかない空気に身を置き、自分がその店の客であることを誇りに思う所だ。皆さんどうかここの空気を守っていただきたい。京都の誇る居酒屋遺産を大切にしていただきたい。

OUTLINE
店舗概要

FOUNDED ― 創業

創業は昭和七〜八（一九三二〜三三）年頃。戦後、昭和二四（一九四九）年に二条大橋に移った。創業当時は一膳飯屋として、食事を提供。初代・末次郎さん、好江さんの二人で切り盛りしていた。

HISTORY ― 歴史

創業は三条京阪エリアで開店。初代は現在の店主とは無縁で、名前すらわからないそう。創業当時は炭屋の建物で営業しており、その流れで酒類を提供するなど変遷を辿り居酒屋に変わっていった。

❶足乗せ
カウンター足元には丸太が置かれている。

❷鏡
カウンター内には日本酒の名前が印字された、大きな鏡が2枚ならんでいる。

❸竹の壁
細割竹を貼った壁。節の区切りがリズムをつける。

❹カウンター
カウンターを支える台は網代に化粧される。

CUSTOMER｜客層

京都が観光地化してから、中年男性だけではなく幅広い年齢層の方が訪れるようになった。しかし、常連客の足が遠のいてしまったそう。常連客はカウンターを定席にする方が多く、隣同士になれば自然に会話が始まる。

FILE

創業	昭和7年／1934年
エリア	京都府京都市
創業時の形態	一膳飯屋
構造	軽量鉄骨
店主	伊藤剛氣（3代目）

カウンターだけではない、お好み席いろいろ

右は空席待ちのコーナー。冬は石油ストーブがうれしい。左は1〜2人の小上がり席。

書院造りの離れ座敷は床の間に花。じっくりやるにはここ。

階段上がり口の小さな板の間は、満席のとき、ビールケースを机に飲む「通」の席。

一連のお燗仕事を見られるのがカウンター角席

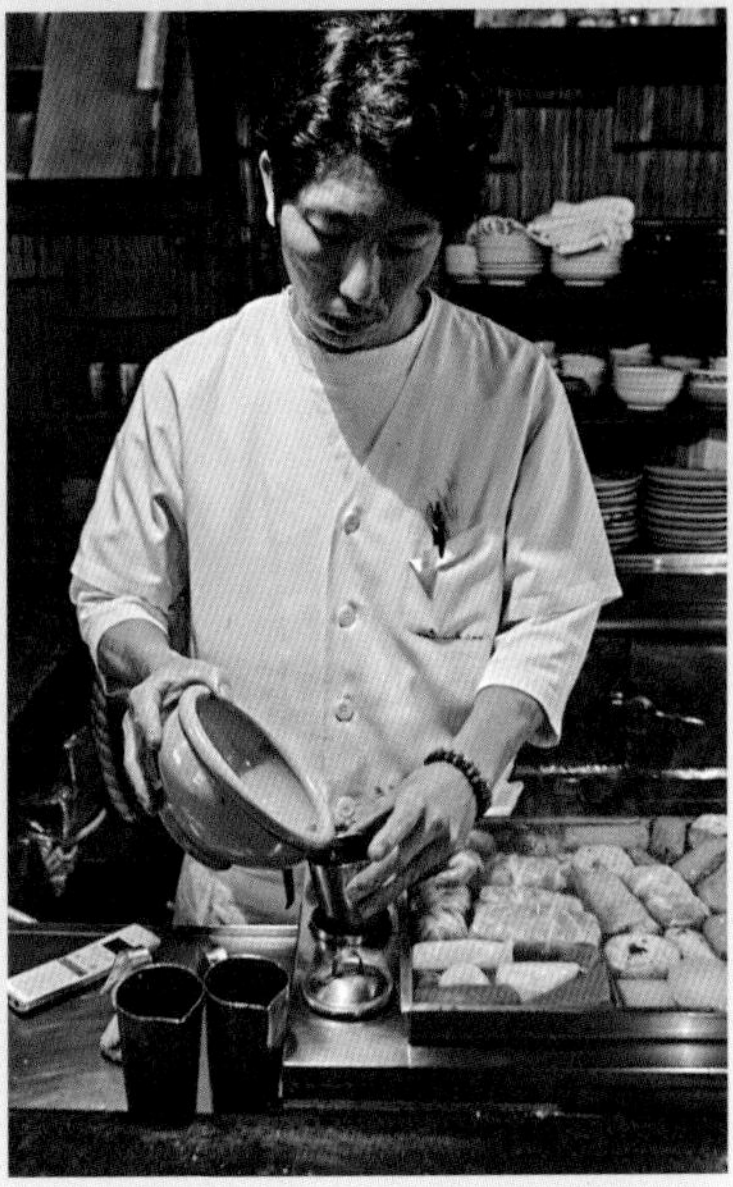

樽から大片口にとり、ちろりに移し替え、おでん槽脇で指の腹を当てながらお燗。最後に徳利に移して客前へ。

DATA 赤垣屋	京都府京都市左京区孫橋町9｜075-751-1416｜17:00～23:00, 日定休（月曜日が祝日の場合は休み）

赤垣屋の造り

二条川端の、もと薪炭業（炭屋）だった家は、居酒屋にするにあたり、昭和三九（一九六四）年にいったん壊して造り直し、次第に奥へ広げていった。

1階

京都らしい縦長の敷地は、奥に行くに従って各式高い間取りになり、もてなし、会合など様々に使える。

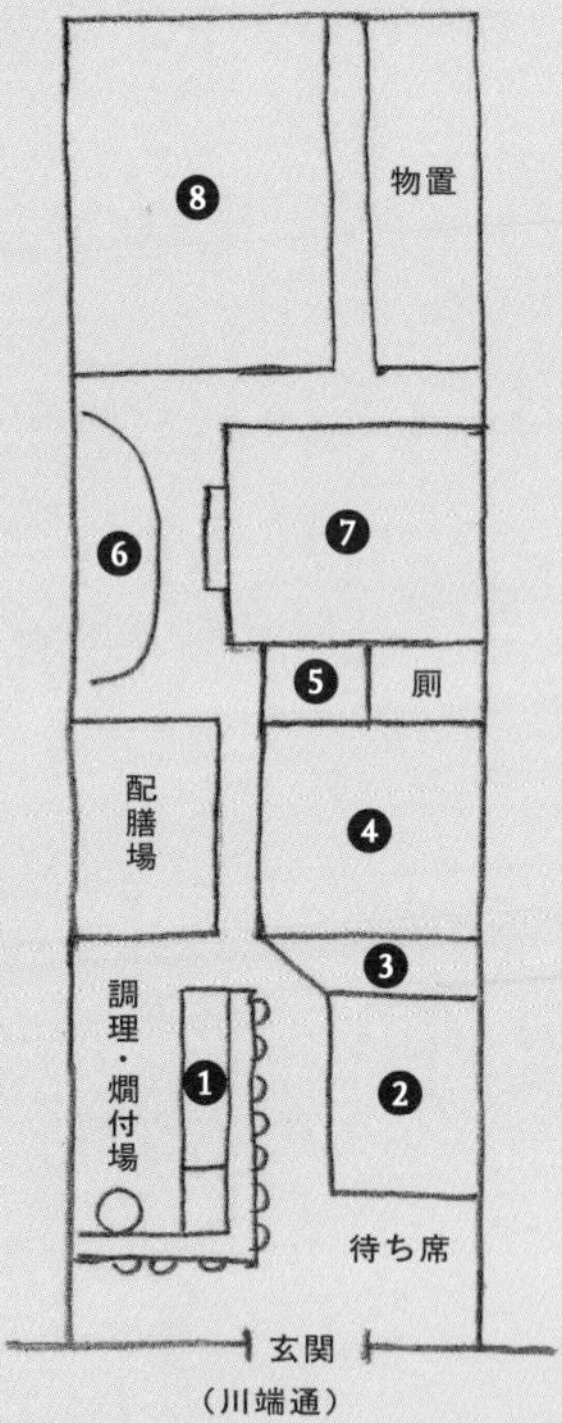

❷小上り
1〜2人でここに座るのを好む人多し。

❸階段
2階への上がり口。踊り場の壁に柱時計。

❹前座敷
3〜4人で座って気楽に話しながら飲むのに良い。

❶カウンター
まずは1人でここに座り、この店の空気感をたっぷり感じよう。

2階•座敷

2階の座敷はあまり知られていない。
大勢ならばここを予約し、下から肴を運ばせる。
まさに奥の院。

広間

8畳に塗りの大卓。京都旦那衆の集まりはここか。

階段

2階から見たところ。

次の間

奥の小間は舟底天井でさらに風流に。

飾り棚

床の間のしつらえは、さすが京都。

❻坪庭

抜けてここに出るとほっとする。奥突きあたりが離れ座敷。

❺手洗い

玄関より立派な縄暖簾。

❼奥座敷

4〜6人でじっくりやるにはこの部屋。障子で閉めきれる。

❽離れ座敷

書院造りが立派な離れ座敷。ここで飲んで、京都の神髄を。

赤垣屋

3 JAPAN HERITAGE OF IZAKAYA

ここでしか飲めない酒を求めて

神馬

——京都府
京都市 上京区

古い店に事欠かない京都
その中でも圧倒的に艶を保ち
古格をたたえた居酒屋「神馬」
店内の隅々までもが洗練されながら
ここは酒場と気取らない
まさにこの店に来る価値とも言える
六つの酒の味はなんとも格別
肴は真っ当な最高級の京料理
家族的な温かさは脈々と受け継がれ
遺産と呼ぶべき酒場の光景が広がる

銘酒
神馬
酒
一品料理
津居山かに
馬

奥に店を広げるにあたり、稲荷祠のあった場所は、様々な石の枯れ池泉、大鼓橋の橋懸りにした。

古い店の品格の中に気取らない酒場の雰囲気

千年の古都、京都で古い店は当たり前だが、居酒屋はどうだろう。

上京区千本中立売「神馬《しんめ》」は昭和九(一九三四)年開業、三年後に今の場所に越したが、入った家はもと酒屋で、大正天皇即位御大典のとき表の道を広げるため曳き家した、のべ一五〇年になる古い建物だった。戦前は近くにもう一軒かまえて二軒で営業していた。戦時休業を経て昭和二八(一九五三)年に再開、八年後の昭和三六(一九六一)年に店内を改造して今の白壁蔵の構えになる。二階を寿司屋にしていた時期もあった。私は三〇年以上前、初めてここを訪ね、古いた佇まいに圧倒された。

通りに面した切妻二階白壁の二つの窓にはさまれて、鏝《こて》文字で「銘酒　神馬」。一階瓦庇上には鍾馗《しょうき》。玄関まわりは古風な細工の袖垣、店名「神馬」にちなむ様々な馬の置物コレクションをならべた飾り窓、額「酒仙郷」に短い縄暖簾、開店時には丸い赤提灯が下がる。その風格は高級割烹たらず、気軽な一杯飲み屋たらず、艶のある古格をたたえ、戸を開ける前に気持ちを正させる。

入ると古い店内に圧倒される。手前は大きなコの字カウンター、右奥は長い大机席。その間をつなぐのが金色擬宝珠《ぎぼし》の小さな太鼓橋で、昭和三六(一九六一)年、それまで住居にしていた奥も使って店を大きくするとき、それまで稲荷祠だった所を足で踏むのは良くないと、小さな枯れ池泉にして石灯籠を立て、竹の筧《かけい》、蹲踞《つくばい》を置き、橋懸りにしたという粋な趣向だ。

そこにあった稲荷祠は一番奥外裏の坪庭に移設。榊《さかき》と灯明があがり、蹲踞にはつねに水が滴り、脇にはお狸様が三体。この左が男女別手洗いで、私は用をすますと必ず祠に手を合わせ、夜空を見上げてしばらく外気にふれ、さあまたと自席に戻る。そうする人は多いそうだ。

奥の一五人は座れる変形長机は、裏の材木屋に戦前から干してあった栈《くい》を、当時三〇万で買ったという逸物。厚さ二〇センチもあり、太い脚にただ置いているだけだがびくともしない。店内を一周する緑色自然石の腰壁は創業主人と同級生の鳴滝の石屋がやってくれた。白壁に設けた隅切り角小窓は粋な竹格子、調理場出入り口は庇を設けて曲線の磨き丸太を立て、脇の小さな棚も粋だ。カウンターの入口側にあるおでん槽にかぶせた大きな半円形の檜皮の庇はみごと。その柱にかかる不動明王の絵は客の持ってきたも

ので、真西に向けて貼ると良いと言われてそうしたが、真っ直ぐに調理場を見る格好になりこれは良さそう。
　圧巻は左右壁にずらりと続く浅いガラス戸棚におさめられた古い徳利や盃のコレクションだ。徳利好きの私から見ても相当な逸品ばかり、さらにその上には棚におさまらない大徳利がずらり。棚は建物の重圧でガラス戸が開かなくなって「永久保存」化していたが、先年天井葺き替えダクト工事のとき柱を補強するとまた開くようになった。玄関右脇帳場の古い木製レジスターは、昭和三〇年代製の二台目で四桁までしかなく九、九九九円が最高額で今は使えないが、艶のある木肌はみごと。
　店内を飾る京都酒「振り袖」の美人画ポスター、若き山本富士子の「月桂冠」ポスターなどは貴重。カウンター左奥上の黒い招き猫にも庇がかかり、恵比寿と大黒の笑う額もいい。〈山岸純先生　昭和31年ごろ〉とある額入りスケッチは創業当時の外観で、酒仕込の大きな木桶が玄関両脇をはさんで立って迫力がある。

ひとつ前の店構えは、両脇に身の丈よりも高い大桶を据えた雄大なもの。

　古い店内は隅々まで造作が洗練されながら、手書きの品書きビラを平気でぺたぺた貼り付けているのが気取らぬ酒場だ。あるとき座った客は工務店の人で、店の古い造作をしげしげ眺め、現主人の直孝さんに言った。「この店で一番価値あるのはどこだと思う」「カウンターでしょうか」と答えると「ちがう、これ、これだけ柾目《まさめ》の一枚板は滅多にない」と玄関戸の腰板を指さし、へえとさすってみたとか。
　玄関の「酒仙郷」額を手ずから作った創業初代の酒谷禎一は凝り性で、いつも店を直し、色んなものを集め、客の持ってきてくれたものは全部飾る主義で、それを棚にならべてこの店の雰囲気を作りあげた。見せていただいた古いマッチは横に〈千本中立売上ル　衛生優良店　電話〇〇〉、片面は、

　上戸不知其毒
　下戸不知其薬
　　神馬主人　大吉（朱印）

意は「酒飲みはその毒なるを知らず、酒嫌いはその薬な

るを知らず」か。また片面は、

千本在名所是謂
神馬新鮮而美味
不可得他山神亦
赦之愛好酒場也

七言絶句は主人の面目躍如だ。

神馬を客前で支えたのは禎一の奥さん「とみ」さんだ。分け隔てのない気っ風で、警察にも顔役にも一目も二目も置かれ、あるとき奥に新任警察署長が来て、横柄な取り巻き部下が伝えると「それがどうした」と言って、並み居る客の溜飲をさげさせた。チンピラが舞台の切符か何かを売りつけに来ると、黙って一〇枚買い、「見に行かんからやるわ」とその場で返し、以降チンピラはおとなしく飲んで帰るようになった。ある酔漢が一本飲み終えてから「一合入っていない」と難癖をつけるので一本出し、「あんた量ったんか」と言った。表をうろうろして中をのぞく金のなさそうな若い男を手招きして座らせ、大まけして飲ませてやった。飲み過ぎ客には酒の本数を見て「はい、あんたもう帰り」とちゃっと算盤を入れた。後年「とみさんにきつく叱られたことで、ここに飲みに来られる」と幾人もまた訪ねてくるようになり、家にいる奥さんには「神馬なら大

玄関を入ってすぐの眺め。右奥に長机。

年代物のレジスターの前で作業をする、若き日の酒谷芳男さん。

丈夫」と言われたそうだ。

店の歴史から感じた
いつかの京都の姿

私が来るようになったのは二代目の芳男さん・紀代子さんの頃で、芳男さんは昭和三七（一九六二）年、立命館大学を卒業して数年で家を手伝うようになった。酒谷芳男（酒の谷の芳しい男）という結構な姓名だが酒は不調法でと笑っておられた。

戦後の千本は西陣の織屋や、〝日本のハリウッド〟太秦撮影所の客で賑わった。機織りの織り子は休みの一日、一五日が来ると映画を見て何か食べ、土産を買って帰った。千本は庶民の町で、ちぢみのシャツにステテコ、腹巻、草履履きで店に来る。商店も一〇時過ぎまで開き、七軒もある映画館の最終上映がはねるとどっと飲みに来た。家に酒がない時代に酒はここで飲み、昭和三〇年頃は酒二、三本、あて二品で二五〇円くらいだったそうだ。

若い者はここで勢いをつけて近くの上七軒遊廓に出陣。水上勉の小説『五番町夕霧楼』はこの町の話だ。旦那衆が早じまいして上七軒の遊女を連れ出して飲みに来たのは、遊び自慢ではなく、かごの鳥の女に好きなものを食べさせ、世間を見せていたのだろうと言う。当時は映画全盛期で、大学時代の芳男さんのアルバイトは映画エキストラで「斬られ役？」「いや、通行人ですよ」と笑った。撮影が終わるとスター俳優は上七軒、スタッフはここへと繰り出したのだろう。

往時の京都の様子が生き生きと伝わってくる。京都にも庶民生活があり居酒屋で酒も飲む。常連には英文学者・深瀬基寛、仏文学者・伊吹武彦。特異な画風で近年注目され、溝口健二監督映画の時代考証をいくつも務めた画家・甲斐庄楠音《かいのしょうただおと》は毎日のように来て、燗付器前に腰をおろしたそうだ。

九六歳で亡くなる前日まで店に立っていた母とみの没後、芳男さんは一時期病気をされて調理も思うようにならず、顔を出すと「おでんくらいしかでけしまへん」と肩を落としていたが、平成一三（二〇〇一）年、京都の老舗料亭で長く修業していた息子・直孝さんが戻ると、仕入れも料理も品数も飛躍的に充実し、その明るく分け隔てない性格で店はみるみる活気がよみがえった。「息子です」と初めて紹介されたときの直孝さんの笑顔に「ああこの人はいい人だ」と一瞬で確信したのをよく憶えている。そうしてまたここに通うのが増えた。

ここでしか飲めない酒と最高峰の京料理

さて一杯やるぞ。

ここの中心となる酒は珍しく六銘柄ほどのブレンド酒

3代目・酒谷直孝さんと母・紀代子さん。

だ。先代が酒屋と平等に取引したいとぜんぶ混ぜたところ好評になった。あるとき、酒屋とおぼしき男三人が来て「あんたんとこは酒を混ぜて売ってるそうやな」とケチをつけると、とみさんは「お前ら何者や、若いのにあいさつに行かしたろか」とすごみ、たじたじと帰らせた。色んな一升瓶を逆さまにぐるぐるまわしながら（空気を混ぜて軽くする）、大甕に入れて布巾をかけ木蓋を置き、竹柄杓で正一合を徳利にとって燗をする。

その燗酒のうまさよ。昔、この味を描写しようと「豊かな味」と書いたがそのはず、六つの酒の味があるのだった。

その主役が、六穴×三列、計一八本の徳利を沈められる堂々たる銅壺燗付器だ。店の最盛期は一日八斗の酒が出て一穴として空くときがなかったそうだ。燗酒を重んずる居酒屋は、ほとんど保温性の高い銅の燗付器を使うが、手入れがたいへんで、粗塩と酢を洗剤に混ぜ、スポンジでさーっとやると年季でくすんでいたのがピカピカになるが、こすると傷になるので加減が大切。後は塩分を残さぬよう丁寧に洗う。ずいぶん厚く作ってあるのであと五、六〇年は大丈夫とか。ここの名物おでんの槽も銅だが内側は錫塗りで、銅と錫の合わせが最も温度を保つ。ただし錫は減るのでときどき「塗り屋」を呼ぶそうだ。その手入れで何十年もこ

大甕から柄杓で正一合を徳利に注ぐ直孝さん。

の店を支えてきた。

ツイー……。

うまいのう。今や日本酒は銘酒ブーム、やれどこの何がいいと「通」を気取るけれど（私もですが）、それとはちがう「ここでしか飲めない酒」を自らアレンジ、飲みたければここに来るしかない。

そして肴。「季節に合わせたおいしいもの」と単純に言っているが、私は「その最高級」と躊躇なく付け加えたい。仕入れに行く市場で、良い魚は勝手に「神馬」とぺたっと紙をはりつけてあるので買わないわけにはゆかないと笑う。

まずは冬のズワイガニと夏の鱧。関東の私は京都人の鱧へのこだわりがよくわからなかったというか、そんなにうまいものかと思っていたのがここで一変した。

季節のお造りはあらゆる魚がそろい、冬の今日ならば〈氷見ぶりしゃぶ〉〈富山白海老かき揚げ〉〈初堀筍と鯛の子旨煮〉がうまそうだ。一方〈琵琶湖本もろこ素焼〉は絶対、〈くえ・鯛頭（煮付・酒蒸・塩焼）〉はさあどうするか。品書きを睨んで悩むところに出てくる〈お通し三種盛り〉は、注文されないものを出すので、必ずうまいと思ってもらえる品を細心の注意で三品ならべると言う通り。選択に悩んでいた品が一品入っていたりして、おおこれはと喜び、味を確かめてさらに単品で追加することもある。

私はまずはお造りを三種ほど盛っていただき、〈合鴨ロース〉か〈淡路穴子（白焼・天ぷら）〉で悩み、腕の見せ所の焼き物は〈若狭かれい〉か〈鯛あるいはブリのカマ塩焼〉かはいずれ決めなければならない。欠かせないのが〈鯨ベーコン〉でそれまで安物しか知らなかった私は奨められていただき仰天した。

鯨には力を入れ、外洋捕鯨が条約で禁じられて、二年前に最後の南極鯨の残り全部六〇キロ買ったのが、二年半ですべて終わったそうだ。一方気になるのは復活した〈鯨コロのおでん〉あるいは〈すっぽん小鍋〉。もちろん最後は〈鯖すし〉か〈穴子棒寿司〉を選ばなければならない。こうなると逆に単純な〈あじフライ〉〈やりいかフライ〉が穴場なのではと思ったりもする。カニは一人では無理でざんねん。あるお正月あけの隣席で、中年夫婦が見事なズワイガニ一杯をとり、老母に丁寧に身を剥いてやると手を合わせていただいていた光景がうるわしかった。

日本料理の最高峰は京料理。世界遺産にもなるほどで私とて多少高級割烹も体験しているが、ここの料理はそれを十全に修業した人の作る、実質的ながら手抜きのない親しみやすさだ。高いものは高い、安いものは安い、の明確な

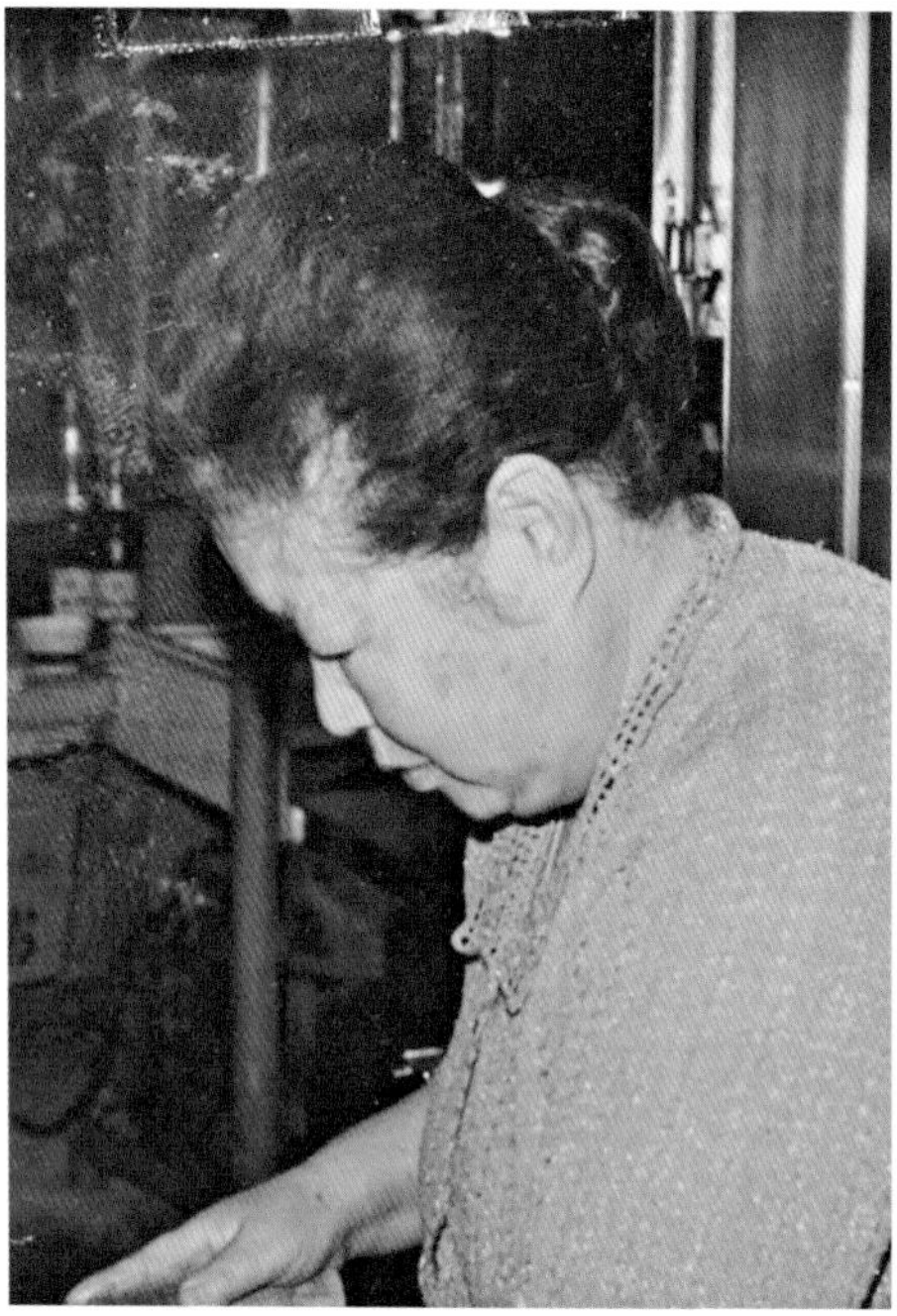

板場にたたずむ初代の女将・とみさん。おでん出汁の味をみる2代目・芳男さんの姉・須美子さん。

値段表示はそれゆえ信用でき、ハレの日にも、ちょいと一杯も、こちら次第だ。神馬の評判は全国にひろがって、遠方から目指してやってくる客もたいへん多くなった。

人が育ち巣立っていく温かい居酒屋の風景

今日は開店前の直孝さんにゆっくり話を聞いた。

店を継いで忙しくなりアルバイト学生を置くようになった。同志社大の中国人留学生はここで働きながら四年を終えて卒業帰国となり、皆で歓送会をひらいてやった。

その同級生Mさんは、成績首席であれば年間五〇万円の返済不要奨学金が出るため、四年間ずっと首席を通し、自分の生活費は毎日のここのバイトでしのぎ、勉学とバイト以外は一切何もせず無事卒業、今は京都でウェブの仕事をしている。

京都外大に入った大阪の女学生Kさんは、ご両親が「神馬」以外のアルバイトはしてはいけないとして店にも手紙を書き、通学には遠いが神馬の近所に住まわせたのは、娘の一人生活の親代わりを期待したのかも知れない。通って顔見知りになった私は、美貌聡明なKさんは国際線キャビンアテンダントのような仕事が似合いそうだなと勝手に

写真（右）『神馬——京都・西陣の酒場日乗』（上野敏彦著、新宿書房、2014）より

思っていたが、はたして本人第一希望の全日空に入社が決まったと聞いたときはわが事のようにうれしく、その神馬バイト最後の日は大阪からご両親、妹さんがお礼にここを訪れ、私も挨拶したことがあった。直孝さんのお母さんも「あんな性格よいお嬢さんはいなかった」ともらした。

京都府立大のMさんは、両親が直孝さんと知りあいでかねがね「バイトするならここ」と頼まれてそうなり、このほど卒業後の帝国ホテル入社が決まった。その面接の際アルバイト先をきかれ、正直に居酒屋神馬と答えたのを帝国ホテル社長が憶えていて、その後京都出張の折りここを訪ねてみようと秘書を通して連絡。当日、本人も直孝さんもお母さんも緊張していたが、社長は逆に丁寧に「うちに入社していただく者です」と名刺を置いていった。

京都は学生を大事にする町。たとえ居酒屋バイトでも親は認め、店主も大切な預かり者と扱う。神馬の学生バイトの信用は直孝さんの人柄が生んだものだろう。

今は七人交替制で常時三人が、男女ともそろいの黒Tシャツで黙々と働き、見ていてまことに気持ちが良い。年末最後の大掃除は恒例のじゃんけんで担当を決め、むずかしい燗付器磨きは二年連続で同じ男子で頭をかき、最も汚れ仕事の換気扇は翌年卒業の女子が当たってしまい、やるからには最後のご奉公と心を込めてピカピカに仕上げたそうだ。

「あっはっは。直孝さんの方は？」

直孝さんは修業から店に戻って、映里さんと結婚されるとたちまち子に恵まれ、しかも双子。「もう働くしかないですわ」と苦笑していたが、その後に訪ねてお子さんの様子をきくと「幼稚園、その下もできちゃいました」と屈託なく、さらにその後、上の二人は近畿大、関西外語大に学び、オーストラリア留学を終え中国でも学ぶとか。「もう好きなようにさせてます」とまた苦

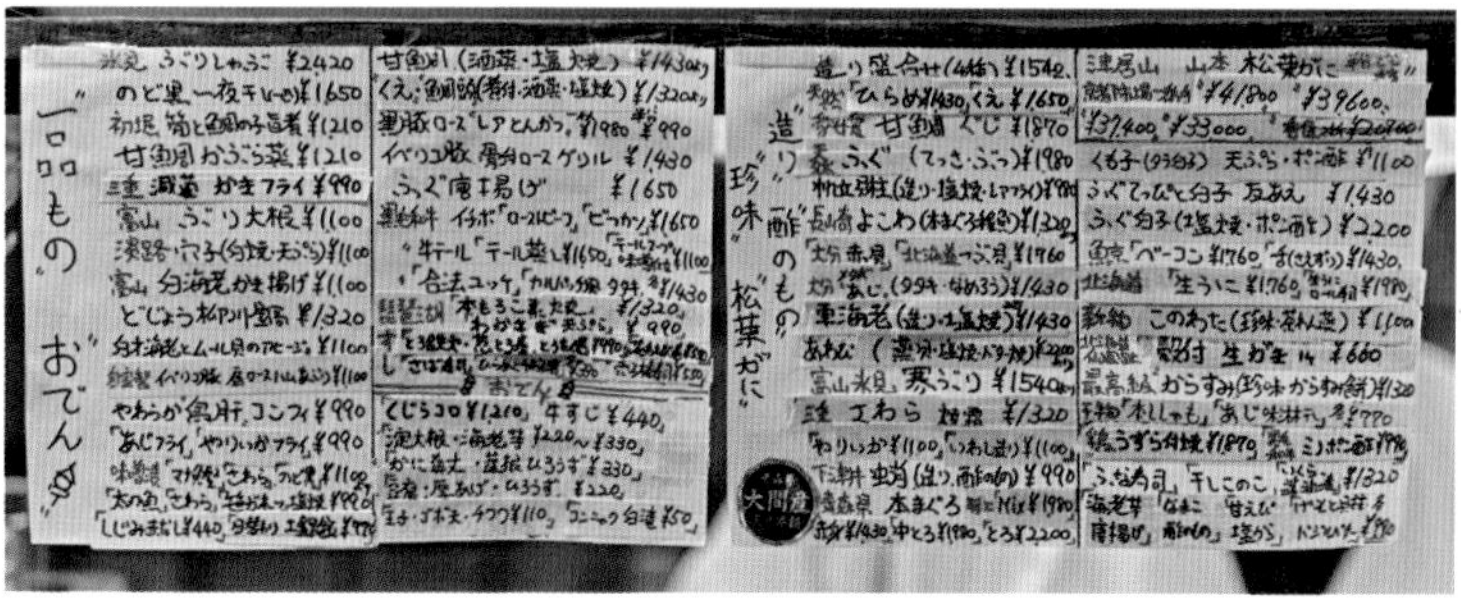

日本酒の種類だけではなく、料理の品数も豊富。北海道から九州までの食材を使ったメニューが手書きで書かれており、圧巻。

笑していた。今は国土交通省、北海道星野リゾートに勤め、下の息子さんは近畿大在学中。それぞれ手を離れ「またもう働くしかやることないですわ」のいつもの笑いが大らかな子煩悩を感じさせる。息子さんはかつて「ママはこわい、好き嫌いはだめ、嫌いでも無理して食べなさい」と泣いて飲み込み、「パパの方が甘い」と言っていたとか。優しいお父さん、男児であることを意識してか厳しいお母さん、理想の子育てだろう。

三代目として大切にしているのは「お客には五分と五分でものを言うこと」。威張ったり乱暴な客に頭を下げているとまわりが萎縮して店の空気がわるくなる。また「よそで飲んで来た客は入れない」のは過度な酔っ払いにさせないためだ。

創業祖父が丹精こめた店はしっかり残り、祖母とみさんの背骨の通った気っ風は脈々とつながっている。

私の神馬通いは酒、料理、建物だけではなく、ここの家族のような温かさにあるとわかってきた。これも大切な居酒屋遺産だろう。

おでん槽にかぶせた檜皮の庇は曲線カーブがみごと。柱にかかるのは縁起が良いとされる馬の蹄鉄。

OUTLINE
店舗概要

FOUNDED ｜創業

昭和9（1934）年に創業し、2024年には開店90周年を迎える。開店以来、千本中立売にも店を構えている。戦後、事業が軌道に乗り始めたことをきっかけに上京区に移転。酒屋の建物を改築した。

HISTORY ｜歴史

昭和20（1945）年の京都空襲の影響で休業し、昭和28（1953）年に営業再開。以前まで1階が大衆酒場、2階が寿司屋で、2代目・芳雄さんは寿司の握り方を学んだ。その後、景気が低迷し、寿司屋は閉店。

CUSTOMER ｜客層

1〜2名の少人数での来店客が多い。常連客、観光客分け隔てがなく、近年は女性客が増えているそうだ。唯一無二の昔ながらの雰囲気がありながら、アットホームな空気が流れ敷居は高くない。

FILE

創業	昭和9年/1934年
エリア	京都府京都市
創業時の形態	大衆酒場
構造	木造2階建て
店主	酒谷直孝（3代目）

❶赤提灯
短めの縄暖簾とともに赤提灯が
店先でお出迎え。

❷鏝《こて》文字
玄関上部には窓に挟まれるかたちで「銘酒 神馬」の鏝文字がライトアップされている。

❸馬の置物
店名にちなんだ、数々の馬の置物が置かれている。

❹入り口
酒蔵のような外観が特徴で、ガラス戸に店名が書かれている。

❺額
玄関の瓦庇の上には「酒仙郷」の額が掛かっている。

店内あちこちに見どころいっぱい

竹格子で区切られた隅切り角小窓と緑色自然石の腰壁。

店の奥から玄関を望む。

高さ30センチもある黒い招き猫。

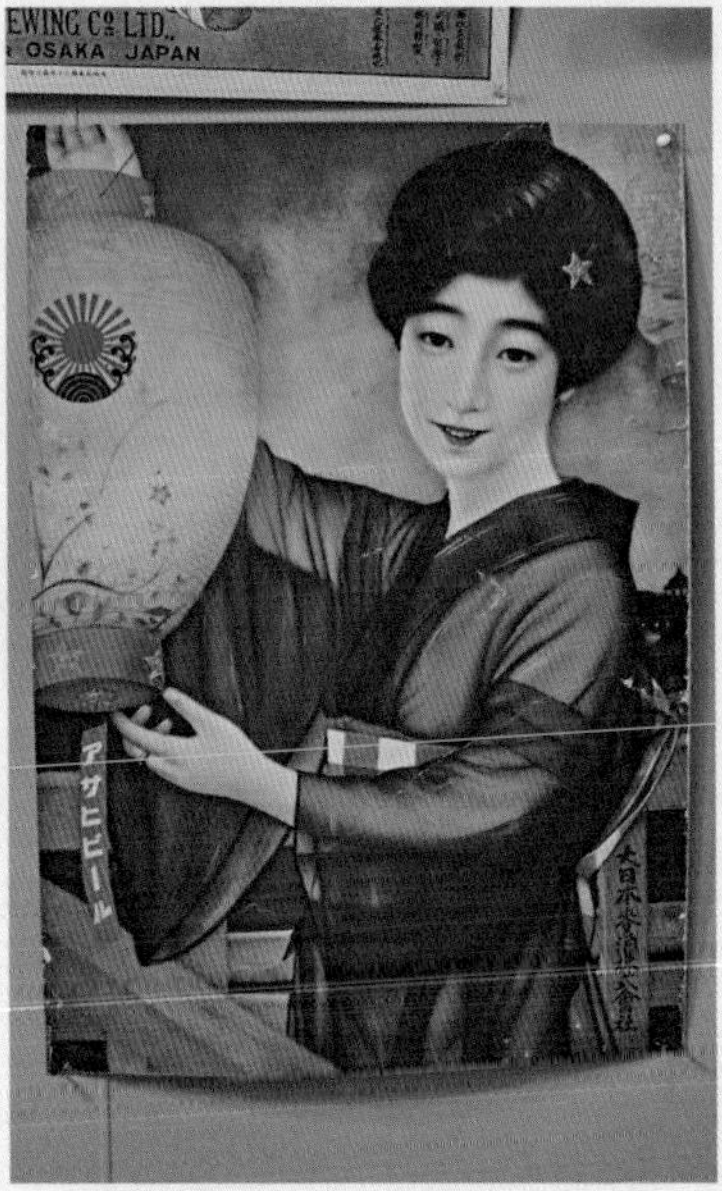

古いアサヒビールのポスターが懐かしい。

燗付器や徳利コレクションなど酒まわりの道具

普段は戸棚におさめられている、徳利のコレクション。

玄関付近に置かれている木製レジ。4桁、9,999円が打ち込める最高額のため、現在は使用することはない。

合計で18本の徳利を燗することができる、銅壺燗付器。手入れがかなりたいへんだそう。

布巾が掛けられた甕には、6つの銘柄のブレンド酒が入っている。

DATA 神馬	京都府京都市上京区千本通中立売上ル西側玉屋町38｜075-461-3635｜17:00〜21:30, 日定休

4 JAPAN HERITAGE OF IZAKAYA

京都の気風とレトロモダン

京極スタンド

——京都府
京都市 中京区

新京極の華やかなアーケードの中
白タイルの外壁に明快に目立つ
赤い図案文字「スタンド」
店内には味わいのある
華麗なタイルが敷き詰められ
圧巻なのは大理石のロングカウンターテーブル
酒場でありながら
レトロモダンな食堂の雰囲気で
一杯やるものと食事を楽しむものが
自然と同居する
気さくで丁寧な店の姿勢に
伝統と進取の気風ある
京都の日常を見る

スタンド
スタンド
お支払は
現金のみで
ございます。
京極スタンド

古都京都を代表するレトロモダンな洋風酒場

京都、新京極。私が初めて来たのは中学三年生の修学旅行。山深い信州とまるでちがう華やかなアーケードを一張羅の学生服で歩いて目を見張り、たしか「菊一文字」で小刀を買った。そのときは気づかなかった酒場「スタンド」は昭和二(一九二七)年創業だから、ここにあったはずだ。爾来六〇年余、今は常連だ。

新京極通り舗道は、黒、赤茶、灰色などの大きな敷石が斜め市松に敷かれ、高い天蓋を通した日の光にふんわりと明るい。「スタンド」は、四角にかっちり造られた白タイルの外壁に赤い図案文字「スタンド」が、立体で明快に目立つ。デザイナーの私はいかにも戦前の図案文字がそのまま使われていることにまず興味を持った。

その下は両側のガラスショーウインドウにはさまれた間がスイングドア二枚の入口で、同じロゴの暖簾をかけ、大きな丸電灯を支える両側丸柱の木艶が美しい。レトロモダンな食堂の雰囲気は、お茶屋や割烹の伝統を守りながら進取なところもある京都の、その後者の代表だろうか。

ドアを押して入ると、長方形店内の右側に白い大理石カウンターテーブルがまっすぐ奥におよそ六、七メートルも細長く伸び、両側を丸椅子が一〇席ずつはさむ。これほど長い石の机は見たことがない。店内左側は座の高い木の丸卓が四つ、同じ丸椅子で囲む。正面は胸まであるハイカウンターでビールサーバーなどが置かれる配膳用だ。

白壁がカーブして上がった天井の中央を舟底状に一段厚くして壁向けの間接照明とし、白く丸い立派な笠電灯もつけ、大きな羽根扇風機を二基据える。波板ガラスに細桟のしゃれた壁つけ照明が天井を照らし、両壁は鏡張りがまわって店を広く見せる。

この雰囲気は昔ナポリで入ったバールと同じだ。最近の東京あたりにはこういうインテリアの店は多いが、創業昭和二(一九二七)年! 新しい店など及びもつかない風格だ。初めて入った私は日本に、それも古都京都にこんな洋風酒場があったのかと目を見張り、以来京都を見る目がすこし変わった。

長く続いてきた店の歴史が内装に垣間見える

「スタンド」は今年で創業九六年。昭和二(一九二七)年、杉山春雄・ナツ夫妻が明治時代の木造モルタル建物を購入

麒麟麦酒株式會社
大
月桂冠大倉
KIRIN
グリーン
サラダ
¥700
¥700
KIRIN
キリンビール

グラスワイン
赤・白
各 550円
ハイボール
・バランタイン
・I W ハーパー
各 550円
月桂冠 生酒 700
酎ハイ 450
キリン瓶ビール 700
バランタイン I.W.ハーパー ハイボール 550
キリン黒ビール 500
甘濃い 梅ワイン
¥700
牛ステーキ 850
ビフカツ 800
ホルモン焼 800
かしわ揚物 650
鴨ロース(くんせい) 600
ぶたポンズ 580
かきフライ 850
豚ばら にんにく 700
はもの天ぷら 750
ハムカツ 600
えびフライ 550
シュウマイ 450
串フライ
オムレツ

ガ角いいね!
デカッ!
¥900
角ハイボール
500円也
スタンド
中 550円
大 850円
おいしい
ジムビームハイボールを
提供しています。
¥500
JIM BEAM
牛ステーキ 850
豚バラにんにく 700
鴨ロース 600
ピリ辛ウィンナ 550
ハモ天ぷら 750
かす汁 500
かきフライ 850
めかぶ 440
くらげのうに 470
きずし 650
自家製コロッケ 750
こいも 470
柳川なべ 900
月桂冠 特級一合 550
月桂冠 750
月桂冠 一級一合 470
月桂冠 たる酒 470
赤ハイ

笠電灯、羽根扇風機を交互に配し、帯の間接照明にしたみごとな天井。天井と壁はカーブでつなげて、線を出さない。

し、改装して創業。その頃新京極はまだアーケードはなく、昭和五〇年頃できた。二代目・宏が継ぎ、今は三代目・貞之（当年六〇歳）が建物の基本内装は昔と変えず続けて一五、六年になった。

開業時は入るとすぐU字の大理石カウンターで、客は中、店員は外でサービスした。「スタンド」は「立つ」だから立ち飲みと思われ、酒屋の枡の日本酒立ち飲み角打ちとはちがうビールの外国風立ち飲みは、飛び抜けてモダンだっただろう。ビールサーバーのない昔は氷で冷やした蛇管を回していたそうだ。その後U字カウンターはやめ、家族連れも来やすいように丸テーブルを置いた。

当時から全く変わらないのが不定形に敷き詰めた床の黒石で、すっかり摩滅して丸くなったのが外光を反射して美しい。床全体が少し傾斜して上がるのは、清掃水を外に流し出すためだ。

昼開店前に時間をいただいた今日はもっと詳しく見よう。注目はタイルだ。店を一周する腰壁は茶色正方形二段横列の間を緑の細桟タイルで区切り、正面ハイカウンターの立ち上がりはより小さな赤茶を四段ならべてこちらは紺の横桟。大理石ロングカウンターテーブルの台は、一枚タイルを焦げ茶・白・濃紺に分割して焼き分けた華やかなもので、それが年月を経てくすんだ味わいがいい。

　およそ二〇年前入った河原町四条の喫茶店「築地」は、ぎしぎしと階段が鳴るようなクラシックなヨーロッパ山荘風で、みごとな彫刻や膨大なＳＰレコードコレクションに見入ったが、入るきっかけになったのは玄関周りに敷き詰めた華麗なタイルだ。大正六（一九一七）年に始まり昭和五〇（一九七五）年まで京都にあった「泰山タイル」で、規格品量産よりも釉薬や炎による一枚ごとの違いを強調したものと知った。以来私はタイル好きになり古い建物にあるとじっくり見るようになった。

　貞之さんの祖母によると、ここの内装は創業当時日本に来航し故障して帰国できなくなった外国船のタイルを分けてもらったもので、ロングカウンター下の三色タイルは当時の日本にはない珍しいものだったという。

　すばらしきは、全国の居酒屋、バーを回ったが見たことはない大理石のロングカウンターテーブルだ。幅およそ五〇センチはおのずと前の客と向かいあい、壁向きに座れば鏡にうつる自分の顔もある。こんなレトロモダンな店内に醤油を置き、古い月桂冠ポスターや、今のビールやチューハイポスターをぺたぺた貼り、神棚も上がり、舞妓うちわがならぶのは不思議な光景で、つまらない客の色紙（私のもあります）などすべて片づければとてもしゃれた店になり、若い女性が喜びそうだがなあ。

　昭和二（一九二七）年の開店ゆえ空調設備はなく羽根扇風機だ。今は右手に大型クーラーを据えたが、開店前にクーラーを入れたときにしばらく回して空気を攪拌するそうだ。

　そのクーラーに少し隠れた、「贈　京極スタンドさん江　月桂冠大倉　麒麟麦酒株式會社」の額は、大きな一枚板いっぱいに〈大入〉をふくらみを持たせた朱の革張りでほどこ

ウィンドウに飾るミニレジスター、招き猫、周年記念の盃が、店への愛着を物語る。

ド
LAGER BEER

し、文字は金箔。さらに店正面右のは同じ寄贈者で黒額に真っ赤な地は絹、〈大入〉は全面金箔。どちらも天地一メートル余の巨大さが迫力だ。

その間に飾る舞妓を描いた油絵は明治生まれの画家・田中善之助の若描きで、創業のナツさんが応援に買い上げた。田中は後に土田麦僊《つちだばくせん》、津田青楓《つだせいふう》らと新興美術協会をおこし明治を代表する洋画家となる。もうひとつの鳥の絵は田中の弟子・石井弥一郎でこちらも多数購入。石井の作品は故郷酒田の本間美術館によく保存されている。

店すぐ左の勘定台に置かれた創業当時からの古いキャッシュレジスターは、アメリカ「National」製を専門の金庫屋が「Dollar Cent」を「Yen Sen」に替えて売っていたもの。四桁までで今は使えないが金庫代わりに置き、側面のハンドル周りは、祇をん豆純、宮川町小凛、小桃、弥千穂などの豆札がびっしりだ。添えた張り紙「Please order one drink……」は京都に多い外国人観光客のためと思うが、自国のようなこの店にどんな感慨を抱くだろう。

先進モダンな京都の店で気楽な酒と食事を愉しむ

外看板に「酒処軽食」とあるとおり、酒場でありながらつねに食事ができる。今から昼めしだがビール一杯やるか。キリンビール小瓶でいただく〈ハムカツ〉の粗い衣のうまさ、人気ナンバーワン〈自家製コロッケ〉は添えた生野菜もたっぷり、〈すじ肉煮込みこんにゃく〉の蒟蒻がうまい。〈ハンバーグ・海老フライ二本・スパサラダ・ごはん・みそ汁・漬物〉がついて格安九〇〇円の〈スタンド定食〉の客と、ビールと枝豆で一杯やる人が全く自然に同居しているのはまさにバール。店で働く女性たちの気さくな対応が安心感で、ランチタイムの女性客も多い。以前石のカウンターで一人で飲んでいると、目の前丸テーブルの三人組は、

勘定代にはアメリカ製のレジスターが置かれており、舞子さんの花名刺が貼られている。

東京の名居酒屋「シンスケ」ご主人と常連の人形作家・四谷シモン氏とあと一人で、京都に飲みに来て帰るが、新幹線までもう一軒と入ったと言っていた。

　右書き図案文字「スタンド」が赤く囲む昔からの伝票はファンが多く、メモパッドとして売っている。それでお勘定を済ませ、外であらためて左右ショーウインドウを眺めた。

　ガラス四段には、創業六〇周年記念枡、厚い錫のちろり、右書きで「京」と「極」にはさまれて「スタンド」と入る白磁の盃、これほしいなあ。さらに大小招き猫と、とても小さなキャッシュレジスターの模型がならぶのもいい。また太ったコック姿男女一対陶人形のかわいらしさ。ウインドウには道行く人に何か語りかけたいこの店の愛情がいっぱいだ。そして〈枝豆４２０円〉〈チーズ４５０円〉〈オムレツ５５０円〉と、べつにサンプルで見せなくてもわかる品を、素敵な店名マーク入りの皿で律義にならべるのも「あまり変わったものはありませんが、そのぶん丁寧にいたします」と言っているようだ。

　私は、京都は古い寺社の日本的な町ではあるが、むしろレトロとなった先進モダンが多い町と思うようになってきた。それを伝える貴重な一軒が日常の店として続いている。

ショーウィンドウが2つもある居酒屋は珍しく、オムレツ、チーズ、枝豆など、サンプルを置かなくてもわかる品を律儀にならべるのがいい。そこに立つ2つの人形など、この店をわかってほしい気持ちがあふれている。

月桂冠
大倉記念館
祝
創業60周年記念
Memo Pad
B7 50 sheets
ライ
0−
くらげうに合
¥470−
エビフライ
¥550−
く
0−
焼 豚
¥700.−
まぐろ造り
¥900−
柳 川
¥
新京極（スタンドの名が見える）
ブラタモリ
仲間たちの心と心が通い合う"スタンド"
つながろう、ラガーで。
キリンラガービール
スタンド
とんかつ
¥ 083
シューマイ
¥450−
かしわ揚
¥650−

SHINKYOGOKU
1872-2022
150th
ANNIVERSARY
新京極
商店街
フクロウの森
京都新京極
御朱印めぐり
京都ひょう猫の森
BENGAL CATS FOREST
新京極商店街
KIRIN
LAGER
BEER
スタンド

酒処 軽食
スタンド
クリームソーダ
ハイボール
650円
KIRIN
スタンド

OUTLINE
店舗概要

FOUNDED ―創業

昭和二（一九二七）年に二店舗のうち、北店が創業した。現在も営業を続けているのは南店であり、こちらは昭和四（一九二九）年に営業開始。内外装は当時のまま変わらず、木造モルタルの明治時代の建物。

HISTORY ―歴史

地方出身者である初代・春夫さんとナツさんは東京で出会い、浅草で何か商売を営もうと考えていた矢先に、関東大震災が発生。あらゆる業種を経て飲食業に落ち着き、新京極商店街に店を開いた。

❸シーリングファン
冷房のない設置当時にモダンだっただろう。

❶祝い額
革張りでふくらみを持たせ、文字箔押しの立派なもの。

❹壁の関節照明
上向きだが、下にも光を透かす典雅な形。

❷両側の腰壁タイル
色ムラのある茶と緑に味わいが。

❺カウンターテーブル
横ならびに長く続くカウンターテーブル。両側に椅子が10席ずつ。

FILE

創業	昭和2年／1927年
エリア	京都府京都市
創業時の形態	酒処
構造	木造モルタル2階建て
店主	杉山貞之（3代目）

CUSTOMER ｜ 客層

創業当時は男性客がほとんどで女性客は一割程度だったが、現在は割合の差が縮まり、若者も増えた。三代目・貞之さんが幼い頃の常連客の子供たちが、現在は常連客として店に通っている。

今も残る創業当時の店の記録

向かい合わせで話がはずむ。

白の制服がいい。

最初期。ラビットのスクーターがある。

創業当時から店を見守る額やレジスター

麒麟麦酒から贈られた「大入」の大きな一枚板。

画家・田中善之助の作品。ナツさんが購入した。

京極スタンドの名物であるキャッシュレジスター。貼り紙には「Please order one drink……」の文字。

店で使われている伝票はお客様の人気が高く、これを模したメモパッドも売っている。

DATA 京極スタンド	京都府京都市中京区新京極通四条上ル中之町546｜075-221-4156｜12:00〜21:00, 火定休

5 JAPAN HERITAGE OF IZAKAYA

これぞ大阪の商売

明治屋

——大阪府 大阪市

繁華街の中心部から
少し離れた大阪阿倍野
酒屋から始まった明治屋は
今も昔もここにある
考え抜かれた店の居心地とカウンター内に
主役然と佇む銅の燗付器による
まことにすばらしき酒
酒の肴はきずし、じゃこ豆、皮くじら
店のあり方は正しく受け継がれ
熱心な客たちに見守られながら
遺産の歴史は続いていく
牛のよだれのように細く長く

明治
酒
酒明治屋
明治屋
酒
特級酒 四八〇円
御酒 四二〇円
ビール 五五〇円
黒小ビール 四三〇円

宮内庁御用達
櫻正宗

大阪阿倍野
日常にある居酒屋の基本

およそ三〇年前。大阪の居酒屋を知ろうとやってきたが、タコ焼など安易な肴で灘の安酒を騒いで飲む、安直一点張りばかりで、落ち着いた佇まいで酒肴をじっくり愉しむ店は見つけられず、中心繁華街はだめだなとたどり着いたのが阿倍野の「明治屋」だった。以下、何度か通って学んだことの詳述。

大阪阿倍野。阿倍野筋通りに面した瓦屋根二階建て一軒家の「明治屋」は、明治の末に酒屋を始め、昭和一三（一九三八）年から居酒屋になった。玄関庇に上がる開店当初からの一枚扁額は右書きで大きく「酒屋」、下に小さく「明治屋」。丸い門灯二基。庇屋根に瓦の魔除け鍾馗。縦二メートルはある一枚板吊り看板「酒明治屋」は、歩く両方向から見えるよう通りに直角に吊られて小庇がかぶる。一字「酒」と大書し、小さくひさご（瓢箪）の絵を添えた茶の大暖簾。外には店名入りの四角い看板を置く。すべて本格造りによる佇まいは、重厚な歴史を感じさせながら清潔に端正だ。

玄関戸を開けたすぐ左は「櫻正宗」名入り大鏡のある手洗い。昔の居酒屋は食品衛生法なのか入口に必ず手洗いを置いた。店内は右に細長いL字カウンター、左に四人掛け小机四つ。奥の畳半分もない小上がりは二人対面が限度で、どうしてもの方はここで我慢してくださいか。

その上の天井角から店内に向かって小さな提灯のならぶ「常富大菩薩」祠が上がり、扁額「群鶴舞天（鶴の群れが天に舞う）」がかかる。脇のゼンマイ式二一日巻き大時計は健在だ。

カウンター内は中央に青竹タガの白木四斗樽を置き、据える台の角は長年寄りかかった主人の尻で丸く減っている。脇棚の紅白座布団に横たわるブロンズの牛は「商売は

店内に飾られている以前の明治屋の写真。その外観は移転後も再現された。

黒ビール(小) 四六〇
ビール(小) 四六〇
キリンラガー ビール(大) 五八〇
生ビール 中ジョッキ 五三〇
麦焼酎 おびの蔵から 四二〇円
桜島 白麹 四二〇円
芋焼酎 佐藤 黒麹仕込 六三〇円
純米大吟醸
広島 雨後の月 山田錦 五〇〇
きびなごから揚げ
シューマイ
コロッケ
あげだしもち
ネギ焼
なんこつからあげ
しいたけと高野
ぬた
ゆりね卵とじ
ホタルイカ炙り
ポテトサラダ
じゃこおろし
だしまき
マグロ串カツ
ぴり辛なめたけ
うるめいわし丸干し
いわし煮付
おでん
ゆどうふ
菊正宗
佐藤

寒ぶりさしみ 五〇〇
きずし 五五〇
いか天 四五〇
どて焼 四五〇
エビ団子 四〇〇
いわし梅肉あげ 四〇〇
信州
亀齢
6
6
明治屋

牛のよだれのように細くながく」と創業初代が置いた縁起物。隣は盛大に花を活け、本日の花名メモを添える。顔がおかめの達磨のレリーフは、四、五〇年前、出入りの京都の呉服屋がくれた。右書き「ハクツル」の一升瓶贈答用木箱は上蓋に「東京　大阪　神戸　京城　大連　奉天」と入る戦前のもので、銭箱に使われて黒光りする。手前木箱にならべた極薄のガラス徳利は今や数少なく、布を敷いて大切に扱われ、「酒の明治屋」と入る最初期のは貴重品だ。

主役は銅でできた循環式銅壺燗付器だ。漏斗口で一合枡をひっくり返した酒は、ガスで温まっている湯の中をまわる細管を通り、下の蛇口をひねると酒が出てくる。湯温と、細管に滞在させる時間で燗具合が決まる。漏斗口は四つあり、それぞれ滞留時間を変えて熱燗、ぬる燗に分けることもできる。大勢の客の注文ごとに一本ずつ徳利で湯燗していたのでは間に合わないうえ、一定温を保つのは難しいので、最も保温性が高い銅の自動燗付器が開発された。それほど適温燗は重要視され「あそこの酒はうまい」と定評を育てた。

戦前からの二台を交互に大切に使っているが、あるとき故障し、銘盤の「特許登録即席温燗器日本大阪賑橋いな音銅器機作」を調べて電話すると、まだ会社はあって手入れができた。「日本」と入るのは戦前は大陸にも出していたのだろう。

明治屋で私は数々のことを知った。

まず循環式燗付器による酒の、なんともほっとさせ心温まる味の深さ。上等な酒は燗しないなどの誤った俗説はきっぱり消え「酒は燗して飲むもの」と開眼させた。その樽酒は昔から「松竹鰕《えび》」でやわらかな甘口が良かったが、蔵が廃業になり、全部ひきとった酒もなくなり、蔵元の奨めで奈良の「梅の宿」に変えた。こちらは松竹鰕よりはきりりとしているが、このやわらかさは何十年の燗付器によるのだろう。あるとき、ある業者から最新式の燗付器を教えられて店に運び入れるのを見た客が「これ変えたらあかんわ」と一斉猛抗議をおこし、そのまま持ち帰らせたという。店の命はこれだった。

そして、昔から奥様が書いている品書き黒板の流麗な字による酒のあて。きずし、じゃこ豆、皮くじら、鯛の子煮、だし巻など三〇種ほどのあての艶冶な味わいは、東京の「刺身一点張り」とはちがう、酒の肴とはこういうものと教えた。

カウンターと、座り机との幅、高さが同じであることにも気づいた。机席は切り取ったカウンターという考えだ。

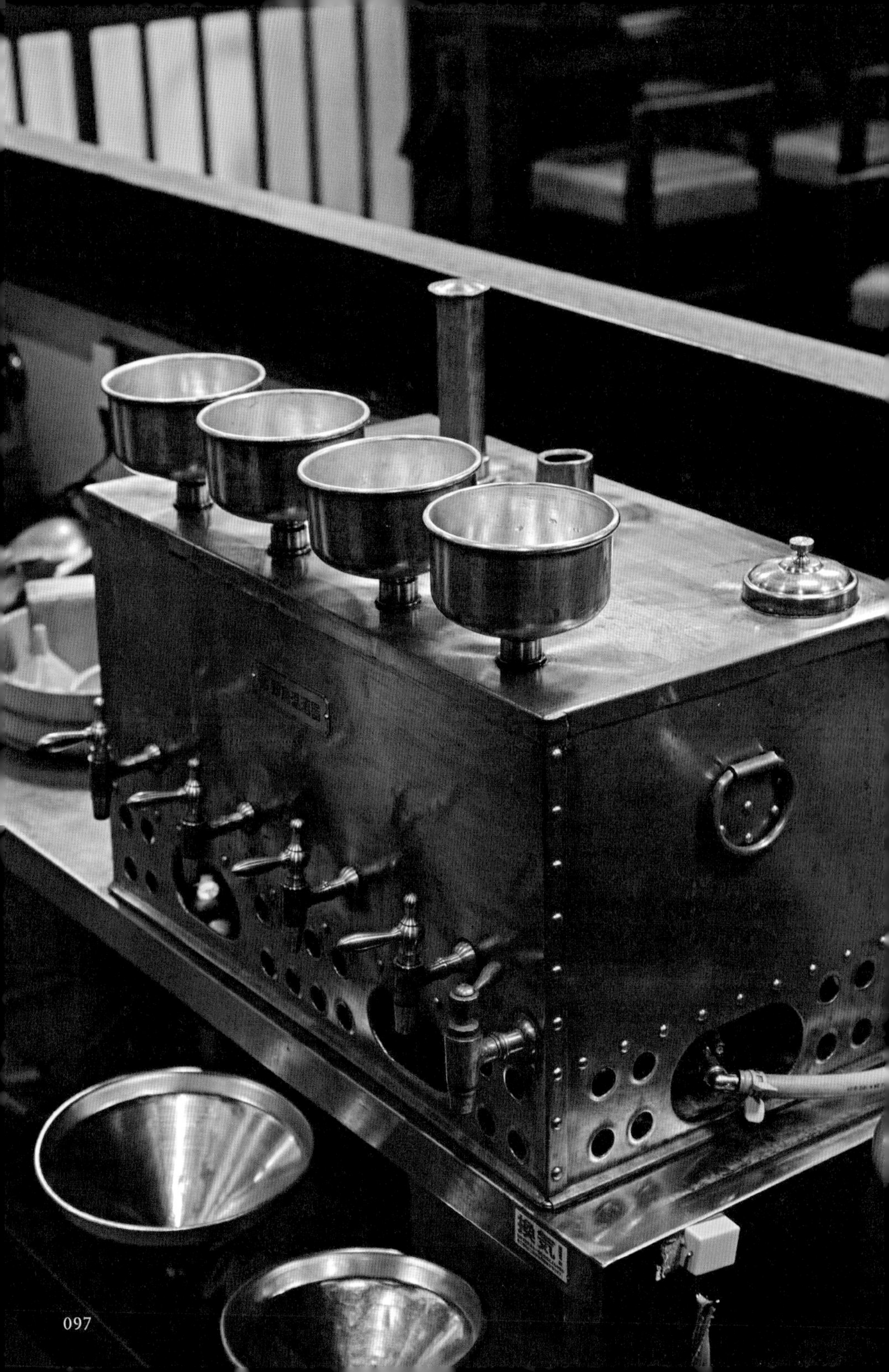
換気!

机としての幅は狭いが居酒屋は料理を盛大にならべる所ではない。また対面が近くなるので話が小声になり、店を静かに保つ。

　どちらの椅子も座を高くとって、客と主人の目線の高さを同じにしている。主人側を低くする方法もあるが、そうすると床を掘らねばならず排水などが不便になる。逆にカウンター内はそのままに客席床全体を上げ、入店は玄関を三段ほど上がらす手もある（例・東京湯島「シンスケ」）。

　開店は午後一時。すぐにちらほらと一人客が来て、表を行く電車のがたごと音を背に黙って飲み、主人も余計な口はきかない。その静かな空気は居酒屋が日常にある姿だ。

　こうして、酒肴も、店造りも、空気も、居酒屋の基本を

本日の肴の黒板文字が美しい。天井隅の常冨大菩薩にはつねにお神酒が。

ここに見たのだった。

再開発による危機と父の急逝

初代・松本常吉、二代目・松本久次郎。私が訪ねたときは三代目・松本光司さんだった。光司さんはもの静かな人で、接客は雇いの人にまかせ自分は奥様と調理場にいて、忙しいと店に出た。時々出てきてつける松本さんのお燗はじつにすばらしく、常連は呼んで燗させた。

平成五（一九九三）年、新築の梅田スカイビル地下に戦前の商都大阪の賑わいを再現したレトロ飲食街「滝見小路」がオープンし、明治屋も大阪らしい老舗居酒屋として声をかけられ出店。その一〇年後、松本さんは自分の年齢と、店を継ぐ子供たちへの負担を考え、そちらは閉店した。

いまカウンターに立つ英子さんは二四歳から店を手伝い、明治屋常連による「明朋会」の人にかわいがられ、仁丹をもらったりした。〈きずし〉の切り方は「そのうち慣れてくる」と父に言われた。当時は夜勤開けの客のため午前一一時～午後八時の営業だったが、夜八時に仕事を終える近鉄社員の要望で午後一時～午後一〇時に変えた。

父は優しい人で、子供を連れた客が来ると、その酒が終わるのを横で待っている子にジュースとおやつを渡し「ちょっと待っとってあげてね」と笑った。父母は仲が良く、客には淡々と接し「お愛想言うよりも店をきれいにして迎えな」と掃除を徹底。また取引ある業者さんを大切にしろとも言われた。

明治屋に危機がやってきたのは昭和五一（一九七六）年から始まっていた阿倍野再開発計画だ。住民撤退などながい時間をかけてようやく一部に高層タワーマンションはできたものの、明治屋の後ろ一帯はサッカー場が二つぶんほどの広大な空地となり、古い一軒家はそれを背に孤塁を守る雰囲気になった。この風景は全国の明治屋ファンを心配させ、私も行くたびに「どうなりそうですか」と尋ねたが、

（上）亡くなった3代目・松本光司さんの写真。
（下）天下一品の〈ゆどうふ〉。

「まあ（本工事は）まだ先でしょう」と関心がなさそうだった。商業ビルができたら地下街に入れる話も来たが、地下はダメと断ったのは梅田出店の後悔もあったのかもしれない。私は光司さんはそろそろ引退したいのかなとも思った。

　平成二〇（二〇〇八）年二月一一日、明治屋は居酒屋創業七〇周年の祝いを開き、再開発で微妙な状勢のときの周年祝いは価値を再認識させるかもしれないと期待した。

光司さんの後継ぎである長女の英子さん。24歳の頃から店を手伝っている。

　周年祝いを終えた父はそれまでになく英子さんにいろいろを教えるようになったが、二カ月後の四月、急逝され、いよいよ店の行く末が案じられるようになった。

　葬儀後しばらく休んだ後、とりあえず奥様・成子さん、娘・英子さんにより再開したと聞き、六月に大阪に行ったおりにお悔やみにうかがうと奥様は、光司さんが「太田さんに渡す」と残しておいた七〇周年の引出物を差し出して涙ぐんだ。その引出物「創業七〇周年　明治屋」と入る徳利はブロンズの牛の横に花とともに置かれていた。英子さんは父を失った母がとても心配だったともらした。

　またその後訪ねたとき、カウンターは珍しく英子さん一人だった。酒を頼むと、祖父があつらえ、父が使い続けた循環式燗付器に英子さんは手を伸ばし、私は注目した。ちろりから注いだ一合枡を漏斗口にひっくり返し、ややおいて蛇口をひねってガラス徳利にとり、差し出した。この人の酒を飲むのは初めてだ。私は目をつむって口にした。

「おいしいです」

「ありがとうございます」

　英子さんは少しもじもじして続けた。

「燗付けは難しいです。ただ入れて、流して、受ければよいというものではないです。その日の気温、天候、燗付器の熱さ、お客の様子、そのすべてを考えなければ、よいお燗にならないです」

　私の目から涙があふれた。よくぞ言った。この人はお父さんを継いでゆける。

　私は再開発に無関心な光司さんは意欲が薄いのではないかと思ったときがあったが、そうではないと悟った。世の中に慌てず、騒がず、自分は最後に動く。まだ数年は変わらないでしょうと言っていたのはその通りになっている、横たわる牛だ。動くときがくるまではじっとしている。それが大阪の商売だと。

とうとう訪れた寝そべる牛が動くとき

　それからまた数年後の平成二三（二〇一一）年、阿倍野再開発が再び動き出し、いよいよ店は移転せざるを得なくなったが近所に空き店舗はなく、父から阿倍野を離れてはいけないと堅く言われていたので先が見えなくなった。しかし新しくできるモール「ヴィアあべのウォーク」の一階に決まっていた店が空いたと市の人が教えてくれた。ここなら阿倍野を離れなくてすむ。その頃私が訪ねて見せてい

樽からちろりでとり、一合枡で量って漏斗口にひっくり返し入れ、時間を測って蛇口からガラス徳利へ。これで燗具合が決まる。

高いテーブル席で、店を見渡して飲むのもまた良し。この静謐よ。

ただいた図面「阿倍野再開発事業A1地区A2棟」の一階路面店の中ほどで立地は良さそうだ。真向かいには地上六〇階、日本一の高層ビル「あべのハルカス」が建つとも知った。

私は駅前の該当地を確認に出て戻り、その図面を置き、あらためて店内を見わたした。店は外の大工事をよそに何ごともおきていないように静かだが、客の誰もが、間もなくここで飲めなくなるのは承知ゆえの静けさにも感じる。私はこれだけは英子さんに直接伝えなければならないと決心してきたことを言った。

新しいビルに入っても、この内装を何も変えずに再現してもらいたい。カウンターも椅子も、四斗樽を置く頑丈な台も、棚板も、それを支える袖金具も、一切そのまま使う。もちろん神棚も燗付器も櫻正宗の大鏡も。

懇願に近い私の言葉を黙って聞いていた英子さんはゆっくりうなずき「皆さん、そう言やはります、そうせないかんと思っています」と力強く答えた。そしてつけ加えた「父の残さはったものやし」。

かえって高くつきますよと言いかねない工務店がどこまでやるかがまことに心配だったのは、改装して客足が途絶えた居酒屋の失敗例をいくつも知っていたからだ。

しかし紅白の座布団に寝そべる牛もついに動くときが来た。平成二三（二〇一一）年四月五日。新開店のすぐ後、不安な気持ちで訪ねた。

まず外観。もとの丸い門灯、大きな吊り看板、茶暖簾、置看板、いつもある自転車など、以前と全く同じしつらえのガラス格子戸を開けてわが目を疑った。

カウンターも机も、その配置も、天井も、照明も、神棚も、玄関の大鏡も、コート掛けも、二人向き合わせの小上がりも、その縁も、正面四斗樽も、その台につくファンタの栓抜き、紅白座布団に寝そべる牛まで、「寸分たがわず」とはまさにこのこと。店内に新しいものは何もない。

目を見張る私ににっこりした英子さんは、旧店の取り壊しを見て「何しとんねん！」と猛抗議する人がいた、内装する工務店に「前と変えたらあかんで」と言いに行った常連や、新店に入るなり泣き出した客が三人いたと笑った。旧店舗取り壊し中に心配した英子さんが見に行くとカウンターに小さな掻き傷があり、すぐに〈カウンター最重要注意〉の紙を貼った。その傷は目立たないが名誉の負傷ということに。

厳密には奥へ長方形だった敷地は正方形に近くなったのでカウンターは七〇センチ切った。「その板はどうした」と突っ込む私に「大丈夫、小さな机にしました」とさらに笑う。切った七〇センチは二〇センチをカウンターの横延長に使い、五〇センチは正方の机にした。四つあった長机はならばないので三つに減らし、一つは半分に切って同じく正方形机にした。ファンの多かった小上がりは横にやや広くなり、その下を換気口にしたのはうまい。驚くのは白い土壁に施した汚れで、工務店の人は、そのまま残せという厳命をかえって面白がったのではないか。それらすべては旧店の「空気」まで再現していた。しかし厨房やトイレは最新式清潔に替えた。

休店中、いい機会だと循環式燗付器を手入れしようと、以前直した「いな音」に相談すると、ご主人を亡くされてしまった奥さんが「よくうちを憶えてくれていた」と涙ながらに答え、引退していた高齢の番頭さんが解体修理してくれるとなったが、合う蛇口がないとテレビ取材で言うと、放送を見ていたある蛇口職人が「ウチでできるかもしれない」と言ってきた。すべてが解決して納めに来た高齢番頭は「ぼく、元気でいないといけないね」とにっこりしたという。そのピカピカの燗付器を操る英子さん、厨房のお母さんの顔がいい。

満足した私に、化粧直しされた燗付器をくぐった酒がはらわたにしみてゆく。どこか酒も喜んでいるようだ。しばらくぶりの〈きずし〉の味は寸毫も変わらない。再開店初日にこれを仕込むときはうれしかっただろう。

移転にともない五カ月休んでいる間に古いものの整理を始めた。二階から出てきた古いマッチ箱の「銘酒松竹鰕醸造元　人生朗らか酒の徳」のイラストがすばらしい。右書きで「アサヒビール　宮内省御用達大日本麦酒株式会社」と入る古い古いビール瓶は、客で来た会社の人がウチにもないと驚いた。

あらためて感じさせる居酒屋の存在価値

今日は英子さんにいろいろ尋ねた。

父・光司さん亡きあと裏方として店を守り、再開発移転も乗り切れたのは、兄・芳隆さんの力と言う。兄の人柄にほれて助けてくれた人が大勢いたと。

「お父さんが亡くなられたときいかがでしたか」

「傘が取れたと感じました」

それは雨風から守ってくれていたものがなくなったということだろう。客の「がんばるんやで」の声に励まされたのが身に染みたとも。

「もとの店がそのまま再現したのを見てどう思いましたか」

「ここは個人のものではない、皆さんの場所。私は管理人です」

笑いながらもこれほど居酒屋の存在価値をついた言葉はない。

「これからはどういう気持ちで続けられますか」にしばらく考えて言った。

「……牛のよだれ、です」

私の目から再び涙が流れ、胸がつまってそれ以上何も聞けなくなった。

新開店に客が持ってきてくれた光司さんの写真を、紅白座布団に座る牛の横に置いた。光司さんは店を見守るもう一つの牛になり、四代目兄妹が力を合わせて働く姿を見続けるのだろう。

私はふたたび正面に目をやった。すべてのものが決められた場所にきちんとおさまっている端正な美しさ。場所は移っても、居酒屋の最大の財産である内装を変えないことにこれほど心血をそそいだ例を知らない。

明治、大正、昭和、平成、令和、明治屋の物語は長く続いている。それはまさに家族が続けた「遺産」の継承にほかならなかった。

信州
亀齢
6
6
明治屋
明治屋

OUTLINE
店舗概要

FOUNDED 一 創業

本店が明治時代、梅田芝田町に創業したことが店名の由来。現在の店は分店という位置付けで、昭和一三(一九三八)年に酒屋として創業。今の場所に店を移転し営業を開始したのは、平成二三(二〇一一)年のこと。

HISTORY 一 歴史

天王寺・阿倍野エリアの再開発に伴い場所を移転しているが、カウンター、椅子、小上がりの畳、柱などあらゆるものをもとの店と同じものを使っており、創業当時から昭和の面影はほぼそのまま。

CUSTOMER 一 客層

定職を離れた年配の常連客が多い。平成二三(二〇一一)年に店を移転してからは女性客に加えて、観光客が増えたそうだ。明

❶時計
ゼンマイ式の時計ももちろん以前の店から受け継いだ逸品。

❷テーブル
店内には4人掛けの幅狭なテーブルが4卓。

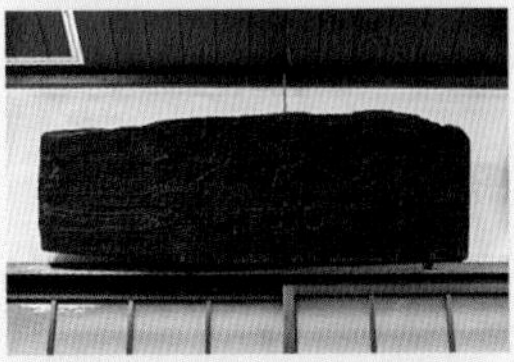

❸扁額
ほとんど読めないが、「群鶴舞天」。

❹置物
牛のよだれのように「細く長くやっていきたい」という想いが込められている。

❺小上がり
店内奥にはわずか半畳にも満たない、小上がりがある。

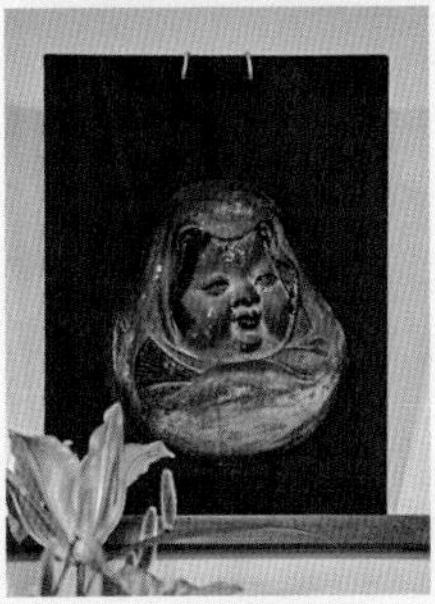

❻おかめの達磨
4、50年前、出入りの京都の呉服屋がくれたもの。

治屋をこよなく愛する常連たちの会もあり、毎日決まった時間にカウンター席に揃う。

FILE

創業	昭和13年／1938年
エリア	大阪府大阪市
創業時の形態	酒屋
構造	木造2階建て
店主	松本芳隆（4代目）

移転しても変わらない内装空間としつらえ

店内に配置される椅子は高めになっており、主人と客の目線の高さを揃えている。

ガラス格子戸も以前と同じもの。もちろんお客様の手による経年変化もそのまま。

入り口扉の上部は、今は珍しい波板ガラス。外観は以前の店とほとんど変わらない。

以前は2人用だった小上がりは4席になった。ここを愛する人多し。

新しい設備と同居する経年変化が感じられる道具

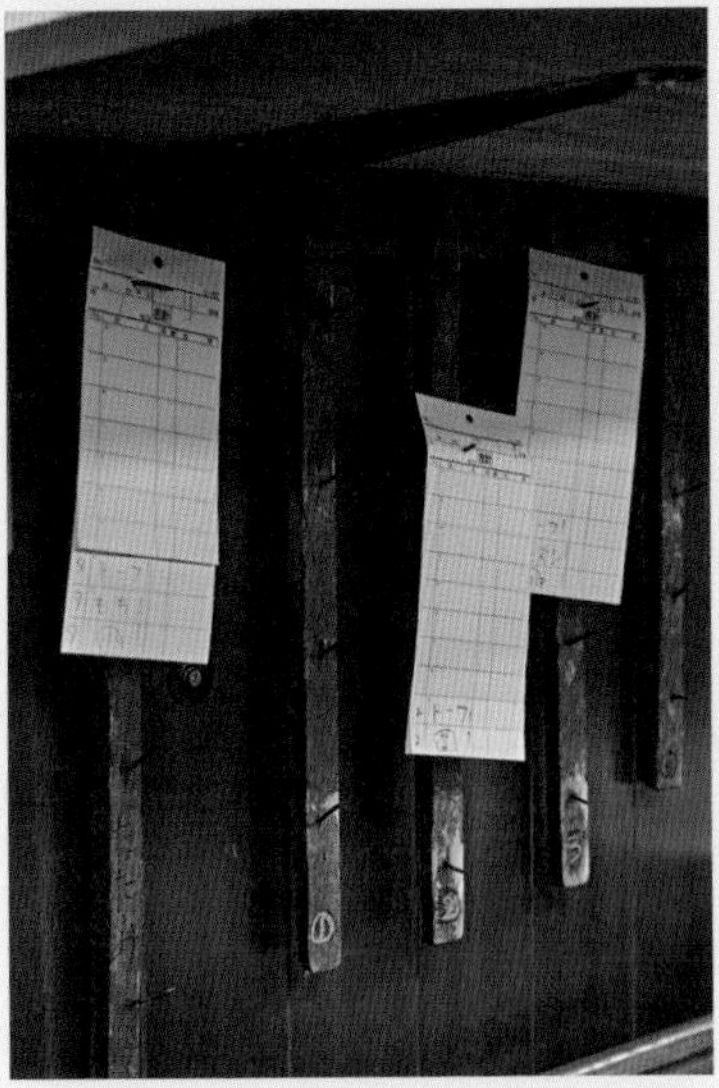

各席の番号が振られ、伝票はここに挿すようになっている。

四斗樽が置かれている台には、年季の入ったファンタの栓抜きが備えつけられている。

長年使われている特大栓抜き。

戦前の「白鶴」一升瓶贈答木箱を、店の銭箱に使った。

DATA 明治屋	大阪府大阪市阿倍野区阿倍野筋1-6-1 ヴィアあべのウォーク 1F｜06-6641-5280｜13:00〜22:00, 日定休

明治屋の遺産

明治期末に始まった明治屋は、数々の古いものを残している。続くことの意義はここにもある。

マッチ箱

かつての居酒屋は喫煙用のマッチを配るのが普通だった。店はそこに趣向を凝らし、ファンを引き寄せた。

「人生朗らか酒の徳」
なんともすばらしい絵。

「お酒はメイジヤ」
を縦横に組み入れた
クロスワード。

シルクハットの紳士がいい。

ビール瓶・ガラス徳利・盃

古いもの、古くから変えていないものに、自分の人生を重ねてみるのは、居酒屋で飲む醍醐味のひとつ。明治屋はそれに最適だ。

ビール会社の人が「ウチにもない」と驚いた古いビール瓶。

1

明治屋3代のガラス徳利。1〜3の順で古い。透明ガラス徳利は清潔感があり、残量が見えるので大切に飲む気持ちがわく。店名入り盃を持っている店は少なく、受け口つき薄手の形も完璧。

2

3

6 JAPAN HERITAGE OF IZAKAYA

まさに桃源郷
田吾作
——島根県 益田市

山陰益田の田舎道
ぽつりと佇む山裾の一軒家
愛らしい野良着の案山子が出迎え
店内の豪荘雄大なスケールはまさに母屋
調理場に置かれた大きな水槽には
気持ち良さそうに魚が泳ぐ
生きた命と自然をいただくことに
実直に向き合い
島根の地酒を風流に楽しむ
今ではなかなかお目にかかれない
日本の原風景がここにはある

田吾作
Tagosaku

田吾作

年季の入った沓脱ぎ場の天井からは杉玉が吊り下がっている。下駄箱はもともと銭湯で使っていたものだそう。

ほかでは見ることができない雄大な居酒屋

日本海に面する山陰益田は島根県の西端で、すぐ隣は山口県だ。およそ二〇年も前、ここにある「田吾作」の噂を聞いたときは益田という場所がわからなかった。

初めて来た小さな鉄道駅前は閑散として大きな建物はなく、すぐ先の左右に走る道路辺はまだ店などがあるが、それを越すと細曲がった山道になり、崖下の人家も少なくなり、こんな所に居酒屋があるのだろうかと不安を覚えたあたりの道路ミラーに、手書きで「田吾作、左」の小さな看板がくっつけてある。

そしてあったのは、道をはさんで大きなため池を眼前にした巨大な切妻屋根の一軒家。一段低い崖下に建ち「田吾作」暖簾がかかる玄関は二階部だ。あたりは大きな鉢植や水甕が無造作に置かれ、十字組み丸竹に「へのへのもへじ」手ぬぐいかぶり野良着の案山子が迎えるように立つ。建物屋根ごしに、今来た市街地というほどでもない駅方面が遠く見え、逆側の大きなため池の上は中学校舎で山が取り囲む。日本に居酒屋多しといえでも、これほどぽつりと独立した建物は見たことがなかった。そうして入ったのは雄大な居酒屋だった。以来何度か訪ね来た。今日は隅々までゆっくり見てみよう。

玄関石段を上がり暖簾を分けて木戸を開けると広い板の間で、さしわたし一メートルはある大鉢に枝花が投げ込まれ、由緒ありげな木株や木彫が無造作に置かれる。小さな沓脱ぎ場の、屋根瓦に浮き彫りした「開運・富士・虎・恵比寿」、大きなタイル絵「竹薮に虎」は今年の干支の寅か。脱いだ履物をおさめる、左壁一面の何段もの下足箱は、漢数字を筆書きした鍵札つきで、銭湯で使っていたもののようだ。その上にも干支瓦がずらりとならび、一方の床に置いた大きく流麗な木彫は鯉とナマズか。その台もいい。

さんさんと入る日の光に明るい天井高い梁は、丸太、角柱を縦横に組み嵌めて軽快。そこを走る昔ながらの白磁碍子三列の配電線は、天井から下がる白笠白熱電灯をつなぐ。最近の古民家風居酒屋は実際の配電とは別に、この昔の配電線を装飾演出に使うが、ここのは電流が通る本物だ。間に下がる酒ばやし（杉玉）三つが酒の雰囲気をつくる。

スリッパなどの室内履きはなく、足裏に木の板張り床がひやりと気持ちよい。建物内はすべて板の間で、私は行儀わるいが靴下も脱いだ裸足だ。

この広い無人の玄関から一階に降りる幅広い急階段の途

中から右下に見えるのは、絶えず水がぐるぐる回る大きな水槽三つで、ここも大窓からの光が明るく、それぞれに泳ぐ異なる魚は気持ちが良さそうだ。

下りきった左にせまいカウンター席が四つ。その中は、煙突の立つへっついに五升焚きの羽釜が嵌まり、炭火の七輪がいくつも重なり、大型ガス台六つすべてにつねに火が入ってぶくぶく泡を吹く鍋など、かつての大農家土間の広大な賄い場そのものだ。

そこから左奥はこの家の中心になる二〇畳ほどの配膳室で、中央に据えた広い配膳台に一段高く囲炉裏が置かれ、自在鉤の鉄瓶に湯が沸いている。灰の中の五徳は瓢簞型なのがおもしろい。配膳台はお盆や湯飲み、水、箸立て、薬草酒などが整然と重なり、料理や酒はここで整えられて、取り巻く大小八つの各部屋に運ばれる。

切妻屋根の天井は二階分まで高く、遥か高みに組んだ井桁から茶に変色して下がる太丸竹に荒縄の自在鉤、縦横の梁や配電線は、こういうものの好きな人にはたまらないだろう。注目は本藁を粗く切り込んだ広い塗り白壁で、農家風の趣というよりは、私には最高級趣味の茶室にこそふさわしく感じる。

囲む部屋は二人でも六人でも、またつなげれば二〇人でもと自在だ。仕切る板戸障子は人間国宝だった出雲の紙漉き師による繊維の粗い石州和紙で、破れても全面張り替えせずに継ぎ張りした濃淡は、まさにアブストラクトな美しさ。破れ一つない上品な細桟白障子とはちがう、これこそ農家の障子と大絶賛したい。

各室の大机はすべて真ん中を七輪が入るよう四角に切られる。部屋の洋服掛けなどのフックに配線用の白磁碍子を転用しているのが、これへの愛が感じられて私にはうれしい。頑丈を基本とした豪壮雄大なスケールはまさに「母屋」がふさわしく、ここで上着を脱いだ素足での飲食は根源的な安心感で満たされる。

実直に向き合い続けてきた素材へのこだわり

田吾作は、昭和四一（一九六六）年、駅前新店街「錦湯」の裏で岩崎文子さんが始めた。店名はそれまでの店看板が残っていたのでそのまま使うことに。娘の治代さんは二〇歳のときから手伝い始め、移転した二軒目までは母娘、三軒目からは治代さん一人を経て、平成四（一九九二）年、戦後すぐから下宿旅館だったここに四軒目として落ち着いた。二軒目はまだ小さなカウンターだけで、工務店の人にカツラがいいと教わって分厚い原材を購入。カウンターに仕上げてもらうと、売った人が売ってくれと言ってきた。厚さ一〇センチ、長さ四メートル、最大幅一メートルの板は〝分身〟としてずっと持ち続け、今は調理場前におさまっている。カツラは硬すぎずやわらかすぎず、酒器をしっとりと吸着するという。確かに撫でる掌への当たりがやわらかい。今の各部屋の机は三軒目の店から持ってきた厚い一枚板に丸太の脚をつけた。

頭に手ぬぐい、黒Tシャツに腰タオル、丸い眼鏡を鼻に乗せた治代さんは、昭和二一（一九四六）年生まれで私と同じだ。いつかその話になったとき、いつもは包丁しか見ていない治代さんが珍しく顔も眼鏡も上げてじっと私を見、互いに値踏みするように笑いあったことがあった。しかし治代さんはこうして働いているのにこちらは飲んでるだけだなあと反省も。「仕事一途で結婚を忘れた」と笑う治代さんを妹の美知子さんが助け、今は美知子さんの息子・志田原耕さん（五〇歳）が板前に立つ。治代さんの甥っ子になる耕さんは子供の頃から治代さんを見て育ち、小学校卒業文集の将来の夢に「田吾作で働く」と書いた。しばらく他所に勤めた後ここに入って夢を実行する。

実直に仕事一筋の治代さん、こまやかな気遣いが店をや

玄関から急な階段を下りると、その途中からは大きな水槽が3槽ならんでおり、魚が回遊している。

わらかくする美知子さん、料理の知識も腕もまことに好漢で店に弾みをつける耕さんの三人が、しっかりこの大きな店を支えている。治代さんが席をはずしたとき耕さんに「伯母さんをここまでがんばらせたのは何でしょう」と尋ねるとしばらく考え、「女一人できりもりしているとき、女の刺身なんか食えるかと暴言する客がいて、ならばその魚で勝負しようと決心した強さでしょう」と答えた。

日本一の清流の鮎を生かす名水

それはこうだ。かねがね「料理の腕はないからそのぶん素材だけは」と思っていたのを実行したのが、調理場の一角を大幅に占める三つの活魚流動水槽で、そこに入れる海水を選んでタンクで運ぶことから始めた。その魚に最も適した海水にするのは「生きている環境を変えない」ためだ。

最も難しかったのはイカで、イカ漁はまず水深一〇メートルの棲息域の海水を汲むことから始める。その汲んだ海水を酸素でぐるぐる回しておくためのエアーポンプをいくつも漁船に提供した。そうして生かしたまま港に届いたイカを、治代さんは毎夜自分でトラックを運転して須佐港に取りに行き、荷台タンクの一つはイカを泳がせ、もう一つ

大型ガス台6口にはつねに火が点いており、魚などが煮込まれている。

二代目・治代さんの甥である、三代目・耕さん。子供の頃から、田吾作で働くのが夢だったという。

は海水だけを満タンにして一刻も早く店の水槽に放つ。イカ用の水槽は丸く、内臓が透けて見える「完全透明」なイカが同じ方向にぐるぐる回り泳ぎ、注文ごとに網で掬われると即座にスイスイと切られて氷にならぶが、ゲソはまだ動いて指に吸い付くと離れない。その透明な甘みはイカの概念が変わる。イカの活き造りは佐賀県呼子が有名だが、今は岩崎さんも通う須佐港に、呼子からの大型トラックが何台も仕入れに来るそうだ。

次に取り組んだのが「日本一の清流・高津川」の「日本一の鮎」だ。

こちらは淡水に海水が混ざる汽水だ。川水に混ぜる「海水の名水」をあちこちに探し、比率を定めるのに三年かかった。後に魚の塩分濃度を測る器具で鮎を測定するとピタリ一致したそうだ。その鮎を生きたまま骨ごと切る〝背ごし〟の味わいは「高貴」。腹の赤い内臓に塩をぱらりとしただけの〝活うるか〟は、かつて編集者仲間とここにツアーしたとき一人が泣き出した逸品だ。

時季によりタイ、カワハギ、イサキ、オコゼ、アカミズ、クエなどが泳ぎ、刺身、焼魚、煮魚と自由自在。必ず一尾をおろすので、内臓は煮たり、頭は焼いたり、骨はせんべいにしたりと全く無駄がない。まさに「食べるとはここまで生きた命をいただくこと」。ぴちぴちと、ときに抑える手をはじき飛ばし俎板《まないた》から跳ね飛んで床に落ちる巨大なタイと耕さんは格闘そのもの。そして数分後に刺身にならぶ皿には、誰もが手を合わす。

豆腐も毎日手作りする。治代さんは子供の頃、農閑期の冬だけ作る近所の豆腐屋を手伝いに行き、帰りに二丁ほどもらったのを熱々ご飯に乗せて食べていた。その記憶で毎日、青竹筒で一六丁作る。豆腐はおからも油揚もできて無駄がない。益田は山葵の産地で刺身に添えた山葵葉がいい。土から抜いてきた山芹は根まで使う。家外で畑もやり、きゅうりなどは料理のたびにそこに採りに行った。たくさん採れたミニトマトはざるに盛り、ご自由にで、私もよくつまんだ。漬物は初代・文子さんからのぬか床が続いている。自分でできるものはできるだけそうする「自然をいただく」ことの豊饒さ。

ランチメニュー。丼ものや
刺身定食などがある。

酒は島根の地酒がよく揃う。これほどの活魚にあまり癖の強い酒は敬遠だが、益田「金吉屋商店」若店主が地元の六つの蔵に声をかけ、純米吟醸を六種ブレンドした「鍾馗」が良く合うのは、個性が突出していないからだろう。

皿や盃がまちまちなのは旧家の人が持ってきたのがたまったそうだ。配膳室の隅のざるに山盛りに「どうぞお持

提供される先付は必ずこのお鉢に乗せて提供される。
料理には自分たちで育てた野菜も使っ。

ちください」とある直径一〇センチもの貝殻は、かつて益田市沖にあって大地震で海底に沈んだ「鴨島」に注ぐ高津川の清流が生む「益田の海が育てた究極のはまぐり」だ。私ももらい、たまに熱燗の盃にしている。風流ですぞ。

島根県の地酒である、純米吟醸を6種ブレンドした「鍾馗」。

一つの居酒屋が土地の魅力を伝えていく

市街地から遠く離れた山裾の一軒家は、通りすがりにぶらりと入る店ではない。いや夜中にこんな山の暗い所をぶらついているのはヘンだ。気の利いた料理は何もない実直素材だけで店をやっていける自信はあったのだろうか。

しかし始めるといつしか通う人が出てきた。四〇年ほど前、高津川の川原で「鮎食い会」を提案すると常連一五人ほどが手分けして鮎を焼き、竹筒で酒を飲みと楽しく、毎年の恒例になった。次第に噂をきいた参加者が増え、駐車場の整理や、工事用の仮トイレ、トラックにカラオケ台を置いたりと大きくなり、一級河川ゆえ届け出は五〇人までだが、三〇〇〇人も集まるようになって、後片づけもしないで帰るイベント化してしまい、これはもう趣旨がちがうと止めたというエピソードがいい。

その思い出を懐かしく話す人は大勢いて、まもなくの創業六〇周年還暦にはまたやろうかの話もあるそうだ。都会ではこんなことはできない。自然豊かな地方で信頼されて続いてきた居酒屋ならではだ。

ここ数年、全国的にイカは不漁で三カ月間一回も揚がらないときもあった。しかしたとえ五、六尾でも揚がると取りにゆく。一尾の日もあったが、たとえ一人でも喜んでもらえればの気持ちだった。

客は全国からやって来るようになった。落ち着いたご夫婦も多く、今日の方は蟹「ツガニ」のあるこの時季にいつも来るそうだ。四国から来た方は、老母を旅行に誘うとここを希望したのではるばる来店。ゆっくりしたが老体を気づかいそろそろとうながすと「わしゃ、もうちょいここで飲みたいけん」と動かなかったとか。益田ロケの映画に出演した俳句会仲間の女優・戸田菜穂さんは、帰ってきて店を絶賛した。

何度も来ているうちに、益田という地の深い歴史と文化を知るようになった。応安七（一三七四）年、益田七尾城主・益田兼見が建立した「萬福寺」は当地に長く住んだ画僧・雪舟による名庭園がある。貞治二（一三六三）年創建「医光寺」の庭も雪舟作。本殿の「釈迦涅槃図」は、あぐら座りでいつまで眺めても飽きない。ここの本堂脇堂宇は治代さんの曽祖父宮大工の手になるときいた。

歌聖・柿本人麻呂を祀る山上「柿本神社」の長い石段上の、短冊を手にした人麻呂像からの眺望はすばらしい。市内はずれ「石見美術館・島根県芸術文化センターグラントワ」は、ゆったりした建物も展示企画もいい。近くの安来市にある「足立美術館」の庭園はアメリカの庭園雑誌で一七年連続、日本一の庭園の座を続けている。それらを上回る、日本一の清流・高津川の自然河畔は、日本の良さは地方にありと心の底から実感させる。

そして夜もまた。田吾作を出た後に歩いた新店街は、全国銘酒をずらりそろえた銘酒居酒屋、落ち着いたバー、自分のセンスを生かした若い人のやる小居酒屋やワインバーがありなじみになった。あまり知られない遠隔地であることが、歴史文化を守り、若い人をのびのびと地に足をつけさせている。一つの居酒屋が、その地の魅力を教え、通いたい所とさせてくれたのだ。

一人の私はいつもカウンター席だ。忙しく、しかし悠々と、客の目を気にせず仕事するのを見ながらの一杯は、限りなく気持ちをゆったりさせ、たまに「それ何？」と聞くのもよいものだ。

満腹して出た外はとっぷりと日が落ちて暗い。目の前の溜め池は農業用水だったが役割を終え、昼は野鴨が遊び、白鷺が羽を広げる。闇夜の夏はカエルの大合唱だ。忍び寄る青くさい山の夜気。見上げると満点の星。まさに桃源郷。こんな居酒屋はどこにもない。

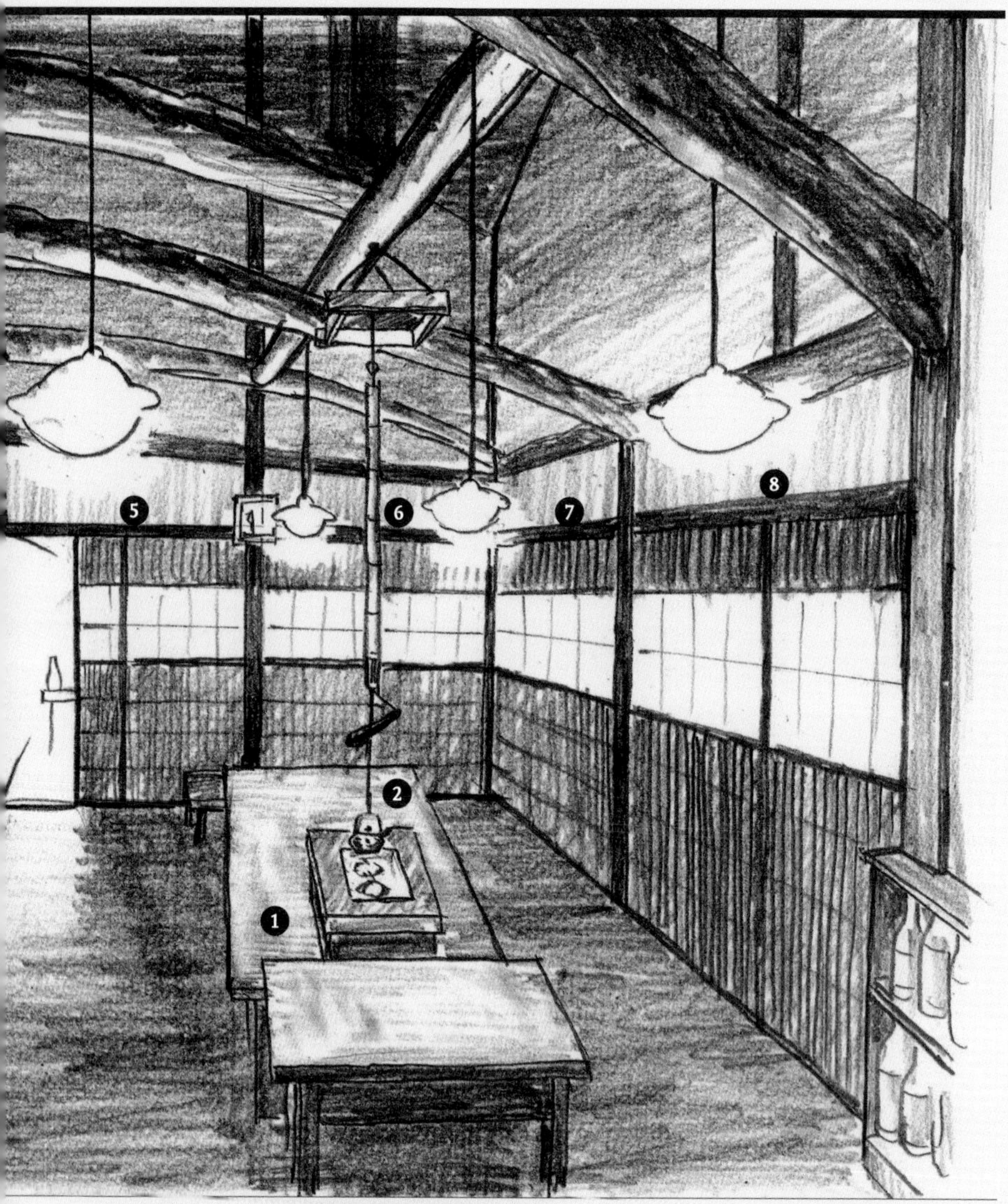

OUTLINE
店舗概要

FOUNDED ― 創業

昭和四一（一九六六）年に創業。戦後に建てられた、切妻屋根の旅館の建物を譲り受けた。店名は譲り受けた旅館の看板をそのまま使用しており、現在の場所に店を移したのは平成四（一九九二）年のこと。

HISTORY ― 歴史

現在の店は四軒目の建物であり、カツラの木のカウンターは二軒目のお店から、生簀は今の店に変わってから使っている。地元の大工が店を建て、食器類は店主の知人の方々の蔵から出てきたものも使用している。

❶配膳場
ここでととのえて三方の部屋に運ぶ。

❷いろり
配膳台に天井から自在鉤を下げた。ここでお茶をいれる。

❸❹❺❻❼❽ 個室
全8室ある大小の個室は人数により使い分け、またつないで大部屋にできる。

CUSTOMER ｜ 客層

北は北海道から南は沖縄まで、はるばる全国各地から足を運ぶ客が後を絶たない。林家木久扇、夏木マリ、火野正平、戸田菜穂諸氏といった、著名人も多く訪れるそう。

FILE

創業	昭和41年／1966年
エリア	島根県益田市
創業時の形態	居酒屋
構造	切妻屋根の木造2階建て
店主	志田原耕（3代目）

丁寧に継ぎ張りされた板戸障子

人間国宝の紙漉師による障子。継ぎ張りされた和紙がアートの印象。

天井からは白笠白熱電灯が吊り下がっており、現役で使われている。

粗く刻んだ藁を練り込んだ白壁。

配線用碍子を使ったフックにハンガーがかけられている。石州和紙の障子も味わい深い。

酒器や調理器具、竈《かまど》

種類豊富な酒器などの食器は店主の知人の方々の蔵に眠っていたものを使用している。

カウンター内には七輪がいくつも重なっている。各部屋のテーブル中央に七輪が入るように切られている。

長年使われてきた種類豊富な包丁。用途によって使い分けられる。

DATA 田吾作 | 島根県益田市赤城町10-3 | 0856-22-3022 | 12:00～14:00、17:00～22:00、不定休

田吾作のひと

居酒屋は駅前やネオン街という考えを捨て、人里を離れて客を迎えるおおらかさは、やって来た人に自分の別天地とさせた。ここでは誰もが心を洗い、自分を回復させてゆく。そういう客が全国から訪ねてくる。

初代・岩崎治代さん、甥で3代目の耕さん。

子供の頃から、こうして「田吾作」で働こうと思っていた耕さん。

文字通り「田吾作」を背負う、治代さんの後ろ姿。

客が描いた若き日の治代さん。店のあらゆる隅まで描写し尽くした筆致は、
この店への愛着にほかならない。日本中にこれだけの絵をもつ居酒屋はない。

50周年のお祝いに客からのプレゼント。

訪れた関取・土佐ノ海関。

7 JAPAN HERITAGE OF IZAKAYA

変わらないおでんと酒

おでん安兵衛

――福岡県 福岡市

昭和の初期
満州大連で始まったおでん安兵衛
時が流れ食都博多に移った今も
おでんと店の思いはそのまま
変わらずそこにあり続ける
かつての面影が残る店内で
銅の深鍋により煮込まれたおでんを
じっくり酒といただく
ここにあるのはおでんと酒のみ
呑むを足りて味を知る

名代おでん
安兵衛
おでん

博多の夜に辿り着いた歴史あるおでん居酒屋

食都博多の夜を飲み歩き、中洲から那珂川春吉橋を西に渡った細路地をぶらぶら行くと、左手に小体な「おでん安兵衛」があった。地味な構えながら良さそうで、中の明かりはまだ灯っている。これはきちんと来てみよう。

翌日訪ねた。三軒長屋の真ん中で左右も料理屋。ここだけ独自に一階に三角切妻の飾り庇を設け、二階も高い三角屋根に見せている。一階左半分の玄関は、下に割れ石風に石畳を敷き、格子木戸は通りに面さず右を斜め奥に引っ込め、紺暖簾もそのようにかけ、どうぞと半開きして招くようだ。

戸を開けるとすぐ前から一直線に幅狭く厚いカウンターが奥に伸びて長腰掛が囲み、その先に大きなおでん鍋。さらに奥は台所。カウンター上に細長くかぶせた天井は真ん中が少し高い舟底天井だ。

「これは屋形造りといって、広く見えるんですよ」

おでん鍋の脇に紺袢纏で立つ老主人・小笠原亮介さん(昭和一六年生・八二歳)が教えた。東京隅田川で屋形船宴会をしたことがあったが、なるほどそれと同じで玄関が舟の舳先というわけだ。

しかしこちらは店の左半分で、右半分は普通の天井下に長机が二つ。机一枚板も長腰掛も一五センチとぶ厚く、脚はがっちり据えられ、相撲取りが座ってもびくともしないだろう。

「そっちは、後から買い足して店を広げたんですよ」

なるほど、床はそのまま続くが広さは倍になり、真ん中に大きな角柱がいかにも邪魔に立つのはそのせいだったか。客が囲む長カウンターは何も置かないきれいな一枚板だ

入り口を入ると分厚いカウンター席が奥の台所まで続いている。

2代目・小笠原亮介さん。カウンター奥に構える大きなおでん鍋の前が亮介さんの持ち場だ。

色濃い醤油で煮込まれたおでん。熱伝導が良く、早い時間で味がよく染みる銅鍋を使っている。

が、おでん鍋のまわりは皿を置いたりする小棚で囲まれ、年季の艶がある。ここが仕事場だ。

異国大連から始まった店と人の歩み

「おでん安兵衛」の歴史は、本籍渋谷で山下汽船に勤めていた初代・小笠原吉郎（明治三六年生）が、満州大連に渡って開業した昭和七（一九三二）年にさかのぼり、その店は一階に樽椅子三六席、二階に座敷六部屋がある三階建ての大店だった。

「そこの河庄さんのような大きな店でしたよ」

河庄は博多きっての老舗大楼だ。

当時大連は自由貿易港で、酒は灘から四斗五升の特製樽で五六樽ずつ取り寄せ、うち二樽は自家用と笑う。その空樽を使った椅子は故国望郷の念をかきたてただろう。おでんに、熱伝導がよく早くやわらかく味の染みる銅鍋を使うのもこのときから。玉子を殻をつけたまま四～五日煮るのは、ピータンをヒントにした。ほかにうずら焼鳥、アカシヤの花の天ぷらはいかにも大連だ。

客の主力は関東軍や満鉄で、異国で日本酒が飲めると大繁盛。両親は大勢の人を使っても忙しく、息子でまだ八歳の亮介さんは三階に置かれていたが、淋しいので店に出ると、「おお」と軍人さんにかわいがられたそうだ。故国の子を思い出す人もいただろう。

敗戦後の昭和二二（一九四七）年、大連発の最後の船で引揚げるとき、店のものはすべて手伝ってくれていた人たちに譲り、従業員とも総勢三六人で帰国。亮介さんは小学二年生になっていた。船は博多に入港。博多に住む母の妹宅にしばらく身を寄せてから、横須賀の引揚げ者用海軍寮で昭和三一（一九五六）年まで過ごす。

私（太田）は昭和二一（一九四六）年三月、敗戦後北京の日本人収容所で生まれ、生後三週間で両親、二歳上の兄とともに天津から引揚船に乗った。私より五歳上の亮介さんの引揚げ体験に耳を傾けずにはいられない。

日本に戻った父・吉郎は昭和三六（一九六一）年、福岡・箱崎でおでん安兵衛を再開。四年後、奥さんの妹が住む博多の方が良いと、こちらに来た。子供七人のうち、姉二人、妹二人、二〇歳になった自分の五人が手伝って開店。カウンターは檜。椅子は大連同様に樽にしようと、唐津の樽職人に椅子用に細い胴で発注。樽のタガはふつう同方向巻きだが、こちらは上下を逆巻きにして客のゆする尻に耐えるようにしたが一脚二五万円になった。時々水でタガを締め

2代目・亮介さんの姉が店頭に立っていた当時の写真。

直していたが順次長腰掛けに変わり、残った一つがいま傘立てになっている。カウンター壁側の太い丸太椅子三つは、道路のクスノキを切ったのを客が開店祝いにくれた。

開店二五年後、隣を購入して壁を取り払って広くなり、頑丈な机と椅子は亮介さんの奥さんの兄が魚屋で、大俎板《まないた》に使おうかと思っていた銀杏材をいただいて作った。

やがて父は七二歳で引退。姉妹も次第に嫁いでゆく。嫁ぎ先は飲食店ばかりで、姉の一人は東京銀座の鰯料理店「いわしや」に嫁いだ。私は銀座資生堂勤務の頃昼食によく通い、お顔を見ていたのかもしれない。名店「いわしや」は閉店して残念だ。

変わらない店と
変わらないおでんの味

今は亮介さん、奥様・洋子さん、息子で三代目となる豪さんで続けている。

主役のおでんは濃い醤油色で、ごぼごぼと煮え、関東の「煮ないで温めるだけ」のおでんとは違う。がんも、蒟蒻、

亮介さんの袢纏の背中部分には「安」の文字が入っている。
おでんは食べやすいサイズにカットして提供される。

キャベツ巻、餅入り巾着、時季の里芋、椎茸。真っ黒になった筒切り大根は米のとぎ汁で下茹でして一〜二日煮る。殻ごと四日煮た玉子は皿に盛る前に殻をむく。自慢のイワシつみれは入荷がなく出せない日があるのが残念。人気の春菊は束ねた一人前の干瓢をはずして茎だけしばし鍋に浸し、葉はくぐらすだけのがとてもおいしい一番人気。さらに注文して温める若布、湯葉がまた。おつゆは見た目ほどしょっぱくなく、数人でおでんおまかせ一緒盛りを頼むと、別お椀でおつゆを銘々に出すのは味わってほしいのだろう。仕上げにその茶めしも欠かせない。おでんにきりきりに効く「辛子」は、二回練るのがコツという。

銅の深鍋は毎日洗うため次第に薄くなり、一鍋が一四、五年で年季となり、今のは四代目。東京合羽橋で購入するそうだ。大連以来続けてきた父からは「当たり前のことを当たり前に、最初に決めたことを変えるな」と言われ、これが長続きしている理由でしょうと語る。各地におでん屋多しと言えども、戦前の大連から変わらず続く店は別格で、おでんも、銅鍋も変わらない。

暖簾に入る印紋、「口」の字を中に右回りに「吾」「味」「足」「知」＝「呑むを足りて味を知る」は、大連で開業したとき客の僧侶から教わったものだそうだ。私は中学校の修学旅行で訪ねた京都竜安寺で、蹲踞《つくばい》にある禅の言葉、やはり「口」を中にした「吾唯足知」＝「吾れ、唯、足るを知る」を知ったが、その流れだろう。

様々な客が訪れ、帰ってくるそして歴史は続く

落語の古今亭志ん生を面長にしたような亮介さんは、草

現在82歳の亮介さんは分厚いしっかりとした声で店の歴史を鮮明に語ってくれた。

履ばきに、背に安と入れた袢纏がぴたりと似合うこれぞおでん屋主人だが、記憶も口跡もまことに明晰だ。息子で三代目の豪さんは黒電話の予約対応に丁寧。そのうち奥様・洋子さんがやってこられ、台所のわが席で小さなうるめ丸干しを炙り始めた。まず出るこのお通しはひなびた店にぴたりでとてもおいしい。

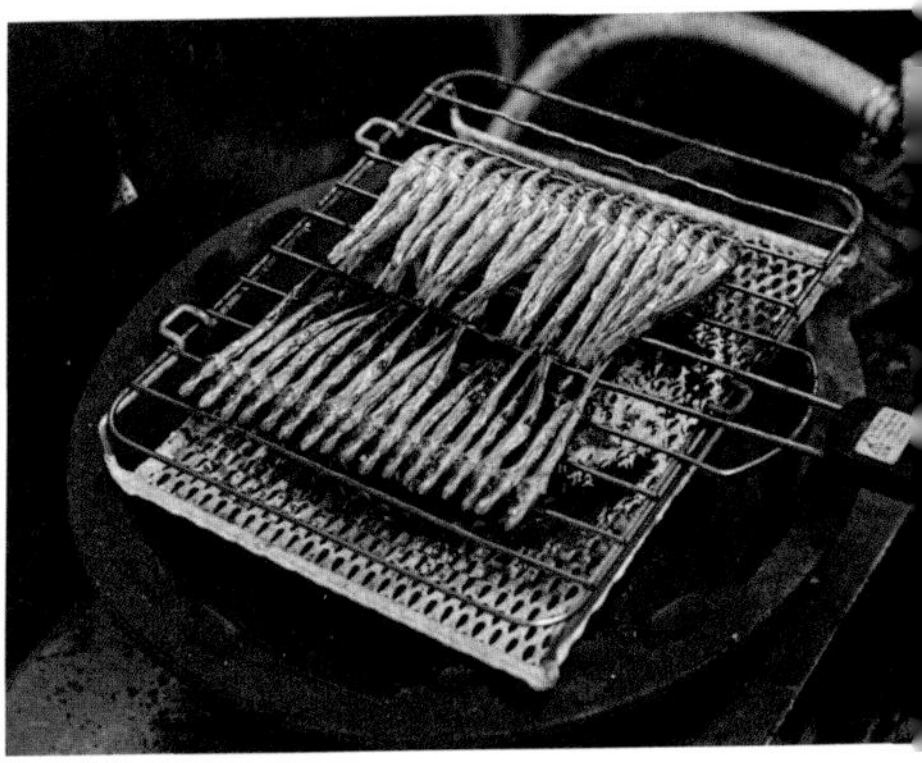
うるめの丸干しの炙り。女将さんが焼いて出してくれる、これが安兵衛のお通し。

　今日はカウンターは遠慮して二階階段下の大机に座って、酒にした。ここは天井がすぐ近く、かえって落ち着きになる。客に九州大学の先生が多いそうで教え子を連れてくるとも。福岡は転勤族の町で、二〇年ぶり、三〇年ぶりに訪ねてくる客は珍しくないそうだ。入ってきた美女二人は空いたカウンターに座り「いいわねえ」と言うように店内を見る。女性が、こういう店を良いと思ってくれるのはうれしい。数人で来た若い男女は入口カウンターに囲むように座ったが、店の雰囲気を察して騒がない。

　以前、私が博多でよく行く居酒屋「寺田屋」で、気風よい博多っ子マスターに安兵衛の帰りと話すと、昔自分も入ったが主人が怖く「携帯出すな」とにらまれているようだった。その後剣道の先生に連れられ「この兄ちゃん、たのむよ」となって主人に頭をさげたというのが博多っぽい。

　ここにはおでんと酒しかない。しかし店内には歴史の生んだ空気がしっかりある。それこそが通い続ける客を生む理由だろう。

名代おでん
安兵衛
2F
1F

OUTLINE
店舗概要

FOUNDED　**創業**

初代・小笠原吉郎さんが昭和七（一九三二）年に中国大連で開業。引揚げに伴い、昭和二六（一九六一）年に日本で再開。博多を選んだのは、引揚げ後に吉郎さんの妹が博多に住んでいたことがきっかけ。

HISTORY　―　**歴史**

暖簾に書かれている言葉「呑足味知」は、禅宗の僧侶にいただいた言葉であり初代が大連で書いたもの。ルーツである大連の店でも、おでんをメインにうずらの焼き鳥、鯛料理などを提供していた。

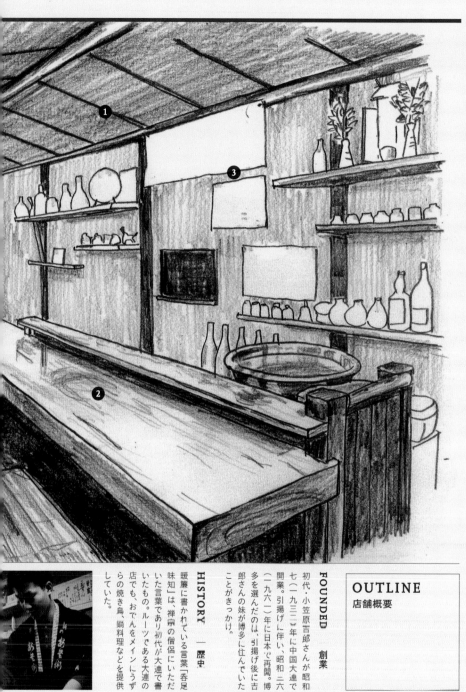

❶天井
若干、中心が高くなっている舟底天井。このおかげで広く見える効果があるそうだ。

❷カウンター
扉を開けると分厚いカウンターが一直線に伸びている。余計なものは何も置かれていない。

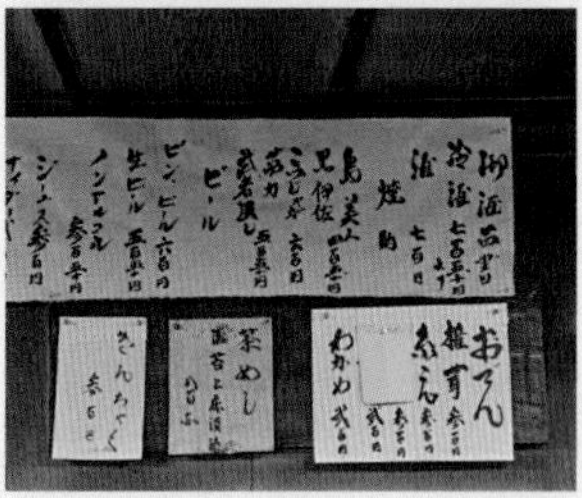

❸お品書き
看板料理・おでんがならぶ品書き。夏場でも提供をしている。

❹テーブル
いかにも頑丈そうな机と椅子は、2代目・亮介さんの義兄から譲り受けた銀杏の木で作った。

CUSTOMER ｜ 客層

昔は会社員や九州大学の教員が多かった。現在は若い方や観光客が増えており、地元の方の来店が減少傾向にあるそう。「親父の頃と味が変わってないね、と言われることがうれしい」と二代目・亮介さん。

FILE

創業	昭和36年／1961年
エリア	福岡県福岡市
創業時の形態	小料理屋
構造	木造2階建て
店主	小笠原豪（3代目）

おでんのみの簡素な店だからこそ洗練させた内外装に

店の威厳を示すために取り付けた切妻の庇。

道路のクスノキを切った丸太椅子は、客の開店祝い。

天井は真ん中が高めに設定されている舟底天井。屋形船のような構造をしている。

大切に使われてきた道具の数々

「口」を中心に「呑味足知」とまわしたシンボル。

がんも、蒟蒻、キャベツ巻、餅入り巾着、里芋、椎茸、大根、卵……思いつく限りの具材が、銅鍋で煮込まれている。

昔は椅子として使われていた樽を今は傘立てとして活用。2本のタガが逆巻きなのに注目。

現役の黒電話。今なおこの電話で予約に対応をしている。

DATA
おでん安兵衛
福岡県福岡市中央区西中洲2-17｜092-741-9295｜18:00〜23:00, 日定休

COLUMN
おでん安兵衛

家族とおでん

戦前の大連から始まる店は、また家族の歴史でもある。「最初に決めたことを変えない」伝統は今もそのまま続いている。

2代目 小笠原亮介さん、奥様・洋子さん、息子で3代目の豪さん。

おでんの味を引き継ぐ豪さん。

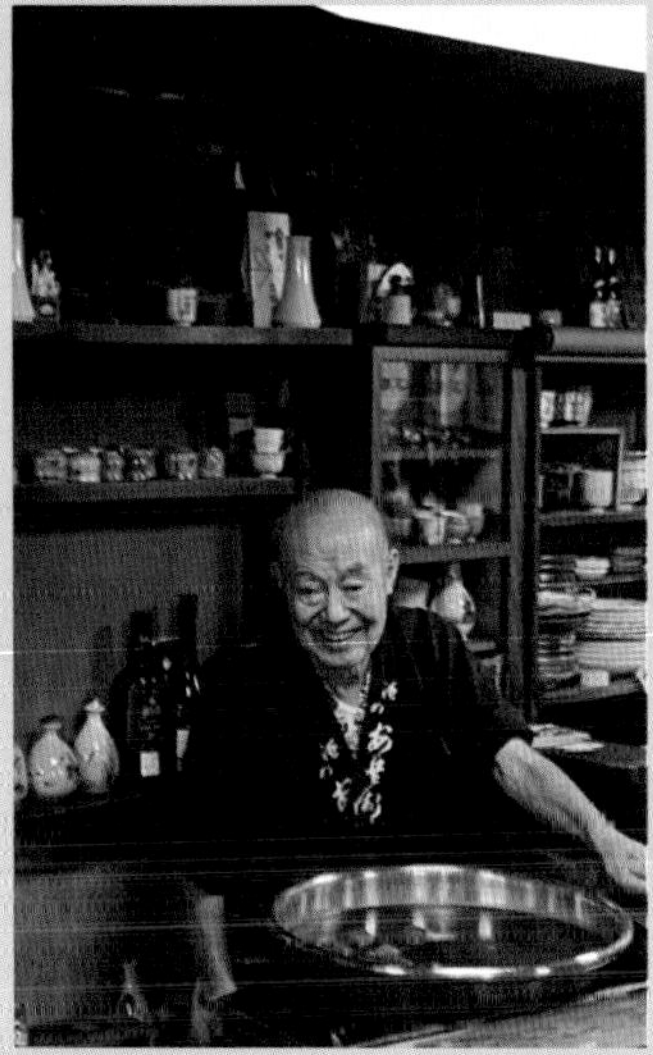

ピカピカの銅鍋が亮介さんの誇り。

家族の絆が伝わる写真の数々。

8
JAPAN HERITAGE OF IZAKAYA

酒房 武蔵

変わらぬ心のより処

――福岡県 北九州市

製鉄の町として栄えた北九州市小倉
中でも一番の盛り場
魚町銀天街に堂々と立つ二階大楼
店名は剣豪宮本武蔵の名から
豪快な男っぽさはこの地ならではか
時代とともに街と客が変われど
今も働く者の憩いの場となり
誰もが一日の疲れをここで癒す
入れ込み大広間の居酒屋で
賑やかに酒を飲む健全さ

一代
いちだい
武蔵
武蔵

カウンター真正面には「武蔵」の切り文字が堂々と掲げられている。

製鉄の町の小倉に男の世界を感じる

北九州市小倉は、大正七（一九一八）年、実業家・浅野総一郎が筑豊炭坑を擁して製鋼所をおこし、住友金属工業と合併して小倉製鉄所が発足。溶鉱炉の火が消えることない製鉄の町として日本の重工業を支えた。

明治四〇（一九〇七）年、北九州市若松区に生まれた作家・火野葦平《ひのあしへい》の父・玉井金五郎は石炭を積みおろす沖仲仕《おきなかし》（ごんぞ）玉井組の親方として港湾労働者をまとめ、その地位向上をめざした。二代目を継いだ葦平（本名勝則）は作家を続け、父を描いた小説『花と龍』は、沖仲仕から男をあげてゆく物語として、同じ福岡県出身の高倉健主演で『日本侠客伝・花と龍』として映画化。さらに石原裕次郎・浅丘ルリ子、さらに中村錦之助・佐久間良子でも映画化された。

同じ小倉に生まれた岩下俊作が昭和一四（一九三九）年に「九州文学」に発表した小説『富島松五郎伝』は評判になり、昭和一八（一九四三）年、監督・稲垣浩、主演・坂東妻三郎・園井恵子で『無法松の一生』として映画化。その後、三船敏郎・高峰秀子、三國連太郎・淡島千景、勝新太郎・有馬稲子と計四回映画化され、気の荒い中に純情を秘めた主人公は男っぽい男優の演じてみたい役となった。

〽小倉生まれで玄界育ち　口も荒いが気も荒い……

歌手・村田英雄が歌う「無法松の一生」は大ヒットした。

小倉には男の世界がある。生涯を異国の潅漑水路開発に捧げて凶弾に倒れた偉人医師・中村哲は玉井金五郎の孫にあたり、祖母の「職業に貴賎はない、人のために尽くせ」をわが言葉としていたというのは、これも義を一とする男の信念の強さだろう。

2階から階段を下ると「有難とうございましたまたどうぞ」の看板が見えてほっこり。

しっかり明るい畳敷き店内。偶然店で会った知り合いと集まって飲むのも小倉流の楽しみ方。

これぞ居酒屋という豪快な空気の中で

小倉の中心部、神嶽川に船運された魚などの荷揚げ場から始まった旦過市場は、令和四（二〇二二）年二度の火災で心配したが、片側の筋は残って商売が続いているのを今日見て、やや安心した。そこから続く小倉一の盛り場、魚町銀天街の真ん中角に主役然と建つ二階大楼が「酒房 武蔵」だ。

一階上部をぐるりと囲む、一枚が畳半分もある額入り大看板は、菊正宗、千福、月桂冠、大関、白雪、基峰鶴、福美人、澤之鶴、一代、白鹿、櫻正宗。その数一一枚は圧巻で、いやでもここは酒を飲む所と認識させ、角地両側にある玄関のシャッターには「昭和28年創業 酒房 武蔵 午後4：30開店 093・531・0634（ムサシ）」と大書。居酒屋であることに全く遠慮がない男っぽさが豪快だ。

銀天街側の玄関を開けたそこは両側に長いL字カウンターの角で、四角い竹柱がシンボリックに立ち、右に一二、左に一二、計二四席。両カウンター前に同じ黒品書き板、白短冊品書き、コップ、木枡、燗ちろり、同心円七穴燗付器、布巾が整然とならび、料理差し出し口二カ所が奥の厨房とつなぐ。八つの丸提灯が照らす磨き上げられたカウンターには銘々に箸、小皿、品書き、鉛筆入り注文伝票束が置かれ、これは勘定が明快だ。これほど実用と神経がゆきとどいたカウンターは見たことがない。

もう一つの向こう角玄関は、一階カウンター左端から二階へ上がる階段口で、上で履物を脱ぐ畳大広間だ。脱ぎ捨てた履物は従業員が大きな下足箱にならべ仕舞う。座敷は上がり口のみ板敷きで、公衆浴場番台のように置かれた机に女将が座り、従業員女性が迎えて立ちならび、客に応えて席に出向き注文を聞き、戻って酒料理を支度する。

およそ約一〇〇畳敷き広間は、四人掛け・二人掛けの掘りこたつ座卓、計二〇卓が配置されて木の衝立がかるく仕切る。壁際は団体用なのか堀こたつではない畳座りの大きな長机が二つ。どの席も座布団が敷かれ、さあどこでもどうぞの雰囲気だ。縁なしの畳は柔道場のようで気取りのなさが良い。私が初めて来た二〇年ほど前は堀こたつではない全面畳で、客が自由に机をならび替え、衝立も位置を変えていた。

履物を脱いで上がる、この入れ込み大広間居酒屋は、知り合いを見つけると「おーい、こっちに来て飲めや」と呼び寄せて一緒に飲む。どんどん人数が増えてゆくのが小倉

武人画家としても知られる宮本武蔵の「布袋観闘鶏図」と、言葉が書かれた掛け軸が飾られている。

の飲み方だ。

　私は、居酒屋は都会の中の孤独を楽しむ場所、などと気取っていたが、一人でこの座敷に座ってすっかり気に入り、離れた席の男が「なんだあいつ」というようにふり返って見るのに、かるく盃を上げて目礼すると「そうか」と言うように同じ所作で応えてくれたのが忘れられない。大広間はこうこうと明るく、入口板の間に立つ女性たちはつねに客に気をくばり、合図すると伝票を手にさっと来てしゃがみ、そのミニスカートの脚がまぶしかった（コラ）。

　壁中央には、ここまで二五〇円、ここまで三三〇円と大ざっぱに品書き札がならぶ。七〇いくつもある中で一番安いのは〈かぼちゃコロッケ〉二五〇円、下関とらふぐの〈ふぐ刺〉でも九九〇円、〈馬刺〉一一〇〇円が最高値。私の定番は、小倉藩主・細川忠興が推奨したという鰯をぬかで炊いた〈いわしのじんだ煮〉と〈おばいけ（さらし鯨）〉。これを木枡入りのコップ燗酒でツイーとやる。

　四時半になりどんどんやって来る客は手慣れて思い思いに陣取り、「おーい」と女子従業員を手で招く。体格良い男ら数人、ここがいいんだとにこにこ顔でやってきたスーツ会社員組、リタイア風老人仲間、まだ若いカップルは二人席堀こたつがうれしそう、隅には一人客もいて大勢の中にいるのが安心なようだ。上がりがまちに女将の座る机が公衆浴場番台のようと書いたが、まさにここは公衆浴場、混浴で洗い流すのは一日の疲れにほかならない。

コップ酒を置く枡。

小倉で働く様々な人のより処

「酒房 武蔵」は昭和二八（一九五三）年にまず一階が開店、五年後に二階。戦後復興の勢いに一階だけでは収まらず広大な二階広間が必要となったのだろう。住友金属、日本製鉄などの昼夜三交代制に合わせ、店も従業員三交代で昼一二時から夜一二時まで通し営業して夜勤明けの客を迎えた。創業の本郷義澄さんは剣術をたしなみ、日本一の剣豪宮本武蔵の名をいただいて「酒房 武蔵」と名付け「味と安さの日本一」をめざした。広間には武蔵の描いた「枯木鳴鵙図《こぼくめいげきず》」が額飾りされる。小枝の緊張感ある反りは日本刀のようだ。

平成二五（二〇一三）年の毎日新聞夕刊は〈酒房・武蔵還暦　のれんくぐれば昔の小倉へ――看板娘は79歳〉の見出しで〈市政五〇周年を迎えた街をのれん越しに見守ってきた〉と、店と小倉の一体感を書く。創業時から働く久保チエノ・公子姉妹（記事中で七九歳と七一歳）は「昔は毎日どんちゃん騒ぎ。そりゃ楽しかった」「どこでもいいからと廊下で飲む人もいた」と語っている。

〈60年の間に客の顔も街の姿も変わっていった。気の荒い工場労働者たちからサラリーマンへ。煙突から吐き出されるばい煙に包まれた街は今「環境都市」と言われるまでになり……〉。ただずっと変わらないものがある。家庭的な雰囲気の店の中から人と街を見つめ続けた初代・本郷義澄さんは語る。「博多と違い、小倉の人間は新しい物に最初は抵抗感がある。でも、一度受け入れるととことん付き合う。この土地と人だからこそ生き残れた」〉の記事末尾は担当記者のこの店への思いがこもる。

2代目・本郷尚義さんの奥様であり女将の和世さん。

従業員は一〇名程が住み込みで働き、初代女将の順子さんは彼女たちに茶道・華道を習わせた。現在は二代目の尚義さんと奥様・和世さんが続ける。尚義さんは東京でテレビ番組の大手制作会社で働いていたが、母順子さんが体調をくずし、平成六(一九九四)年に奥様とともに小倉に戻って継ぐことにした。嫁として東京から来て二代目女将となった和世さんは、義母・順子さんに「お客様の目を見て話しなさい。帰りも目を見てお礼を言いなさい。嫌なことがあってお酒を飲みに来ても、帰りは笑顔で帰れるように」と教えられた。若く半端な娘が、上を見て育ってゆくのが女将のたのしみとも。

二階広間の女将机の後ろに貼られた創業当時店内の白黒写真は、若い女性従業員たちが、初期のデパートの食堂従業員のような半袖ワンピース（おそらく紺地）に真っ白の大きな襟をのぞかせ白エプロンをつける。まだ女性の職場が限られた時代に、いかにもの酒場手伝いではない近代的な素敵な制服で働き、花嫁修業もさせてもらえる喜びが表れているようだ。一日の労働を終えてきた男たちは、きびきびした娘たちがうれしかったことだろう。

　私は何度か来るうち、にこにことよく働く、肌がとてもきれいな二代目美人女将・和世さんの大ファンになった。東京から気質が荒い地に来る不安は、店のスタッフが温かく迎えてくれたことで消え、すぐなじめたという。男ばかりの客、年配の大酒飲みがこんなに多いのに驚いたが「人柄が温かい、一つ手助けしてくれ、情が厚い」とわかった。「小倉の女性はどうですか」とかさね尋ねるとすこし考えて言った「気は強いですが、男を立てます」。

　優しいだけの妻では家をまかせられない。男はいったん外に出たら戦場だ。「気は強いが男を立てる」これほど頼りになる女性があるだろうか。嫁にもらうなら小倉娘だ。

　ご主人の尚義さんはいたって控えめで礼儀ただしく、意外にもご両親ら本郷一族はお酒が飲めないと聞き、逆に地元に愛される居酒屋を守ってゆく使命感を感じる。今は四時半開店にしたがこれ以上遅くは「絶対に」できないそうだ。創業の父はここと併せて法曹関係、神社関係の調停委員を続け、今も町内の世話役というのは「義を尊ぶ」小倉人だ。次男の尚義さんは小さい頃からそういう父を見て、大勢の住み込みの方にかわいがられて育った。

　初めて案内された二つある個室は石のミニ庭園に宮本武蔵の絵「布袋看闘鶏図《ほていかんとうけいず》」があり、どなたかの書による武蔵の言葉「千日の稽古を鍛とし　萬日の稽古を練とする」の軸が飾られる。こちらの個室は人目を避けたい方が借りることが多いそうだが、それでも三〇〇円、四〇〇円の料理は同じだ。

　一階カウンターはつねに開店即満員。相撲のあるときは壁うしろのテレビ中継で盛り上がり、今日はちょうど大相撲九州場所中。そういえば日馬富士関の手形色紙が飾られていた。こちらは一人飲みが多いが連帯意識は強く、あるクリスマスの日、一人が「聖しこの夜」を歌い始めると全員が唱和したというのがうるわしい。

　さあ飲もう。座敷隅に座ってどんどん注文し、地酒「九州菊」のお燗をぐーっとやると、気持ちが晴れ晴れした。コロナ自粛家飲みだ、リモート宴会だではなく、こうして互いに顔を見て笑い合い、他人のいる大部屋入れ込みで賑やかに飲むことの健全さが、この気持ちの晴れ晴れだ。壁際の長机には八人の団体が来て座布団を敷き直している。

　昼は働き、夜はみんなで飲む、そこに貴賤はない。この店はそんな小倉の、変わらぬ大きな心のより処だ。

枯木鳴鵙
武蔵筆
こぼくめいげきず
複製
寒梅
石本酒造
850円
西田酒造店

OUTLINE
店舗概要

FOUNDED　創業

昭和二八（一九五三）年に創業。創業当時は昼一二時〜二四時までの営業を三交代制で回していた。創業から五年間、建物は一階建て。店名の由来は剣道を習っていた、初代・本郷義澄さんが宮本武蔵から取った。

HISTORY　歴史

小倉で特に賑わう商店街「魚町銀天街」を代表する大衆酒場であり、九州は「角打ち」発祥の地とも言われている。製鉄所の深夜労働者たちが仕事を終えた後に立ち寄るのが主だったため昼から営業をしていた。

❶面

壁には塗装の剥げた、古い般若と笑い面の面が座席を見下ろす形で掛けられている。

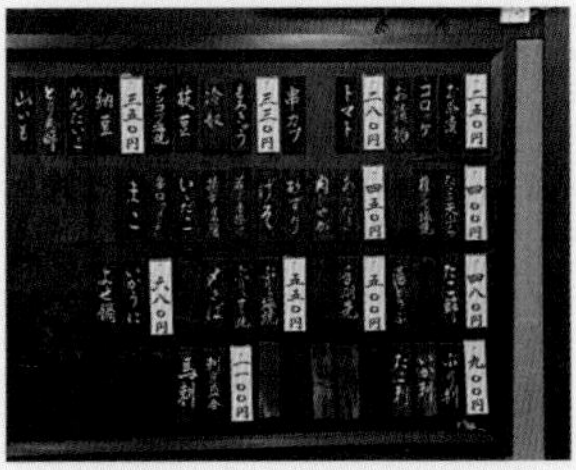

❷お品書き

座敷の壁中央には品書きが。250〜1100円までの料理がならぶ。

❸大広間の玄関

カウンターから2階へ上がると大広間手前には履物を脱ぐ玄関がある。

FILE

創業	昭和28年／1953年
エリア	福岡県北九州市
創業時の形態	居酒屋
構造	木造2階建て
店主	本郷尚義（2代目）

CUSTOMER｜客層

北九州は工業地帯ということもあり、朝から営業をしている酒屋で夜勤後に飲むことが多く、かつては酒房 武蔵も労働者の客が多数を占めていた。近年、客層の幅は広がり、特に女性客が増えているそうだ。

居心地をつくる数々の演出

2階待ち席にも風情が。

きれいにならべた座布団と箸が客を待つ。

ちろり、コップ酒、ごま鯖。まずはこの3点セットで。

般若の面がにらみをきかす。下は宝船。

創業当時の姿

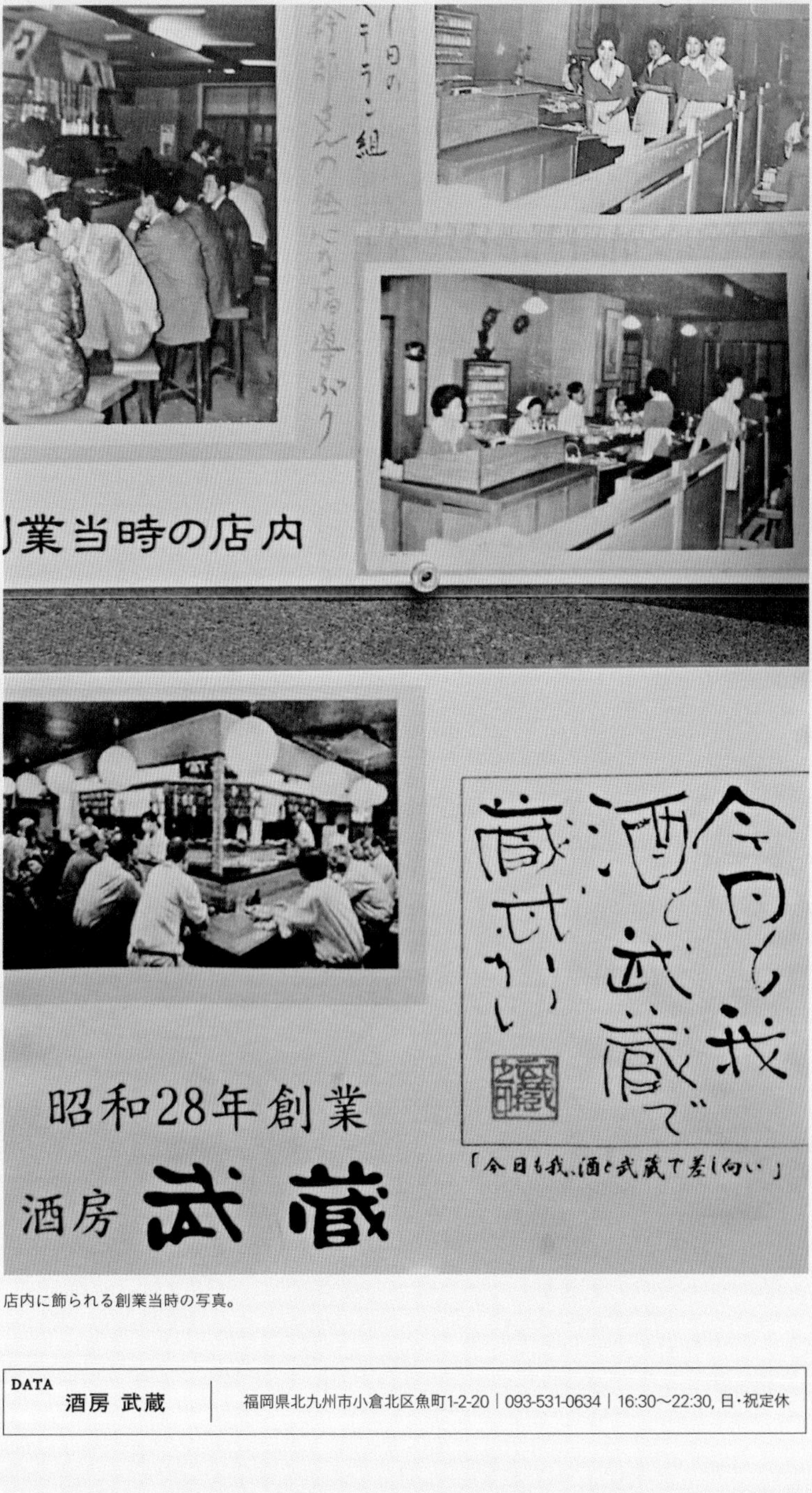

店内に飾られる創業当時の写真。

DATA 酒房 武蔵	福岡県北九州市小倉北区魚町1-2-20｜093-531-0634｜16:30〜22:30, 日・祝定休

客引きは
ついてい
魚町1丁目
酒房
酒の殿堂
武蔵
アサヒビール
武蔵
清酒
大関
月桂冠
純粋清酒
千福
センプク
菊正宗
10－翌6
防犯カメラ作動中
客引きは迷惑行為
酒房
武蔵

移転しました！
和田整形外科
阪東医院2Fへ移転しました
鍛冶町一丁目5-10
☎551-3900
高級清酒
白雪

珐瑯看板のその先に

こつこつ庵

——大分県 大分市

時を経たものを敬う意識の現れか
様々な年代物で
埋め尽くされた「こつこつ庵」
まるでモダンな博物館のような店内で
名酒がずらりとならぶ焼酎棚を背に
緑耀くかぼすを地酒麦焼酎に絞る
一風変わった大分郷土料理を肴に
昭和という時代に思いを馳せる
今もなお現役のジュークボックスから
小気味良いジャズが流れ
今日も酒を進ませる

タカラビール
天下無双
甚
醤油
フジジン
紋章
帝國
専売公社前
ミネシゲ着火レンダン
キンチョール
たばこ
コバタ
三光丸
ハウスカレー
衣料品なら
キンヨ
タカラビール
城屋のかすてら
郷土料理 こつこつ庵
煙草小賣所
とり天
アサヒビール
こつこつ庵

珐瑯看板が貼られた「こつこつ庵」の奥には近代的なビルが対照的に建つ。

圧巻の琺瑯看板に誘われ昭和の時代に迷い込む

大分市の中心部、巨大な県庁と、総ミラーガラス一九階建て超モダンな大分合同新聞本社ビルにはさまれ、何かに抵抗するように三角屋根の大きな木造一軒家「こつこつ庵」が建つ。

圧巻は外壁全面を埋め尽くす琺瑯看板だ。三角の頂点は儀礼帽横顔絵の「仁丹」。左右両端はニヤリと笑う水原弘の「ハイアース」、太股まぶしい由美かおるの「アース渦巻」が鎮座。合間を、タカラビール、ハウスカレー、キンチョール、おたふく綿、ユーセン電氣ランプ、ミネシゲ着火ランタン、イカリソース、サンヨータイヤ、などなどが埋め尽くし、加美乃素は一字ごとに右からならぶ。四角、丸、横長、縦長、大小いろいろが隙間ない配置は計画的だ。

金属板にガラス質釉薬をかけた琺瑯《ほうろう》看板は、屋外で色調が劣化しないためいつまでも美しく、レトロ化して熱狂的なマニアもいる。好きな私は三〇年以上前初めてここに来たとき、一五分ほども見とれて動けなかった。

それだけではなかった。一歩入った店内もまた、ボンタンアメ、メトロランプ、マツダランプ、ナショナルモートル、世界長地下タビ、ハンマー号自転車、エスビーカレー、パインミシン、ハト印ゴム靴合羽、蜂ブドー酒、ツバメゴム靴、福助足袋、ロート目薬、太田胃散、カメヤマろうそく、カクイ綿。……壁という壁は、今は懐かしい商品の看板や廃線電車の駅表示板で埋め尽くされ、チャーリー・パーカー、セロニアス・モンクがいる白黒のジャズ演奏ステージ写真が別格のように額に飾られる。

さらにまたそれだけではなかった。柱時計、ランプ、金庫、レジスター、スリコギなど昭和四〇年ごろを境にいつのまにか消えたものが店内いたるところを埋め、例えば柱時計は十いくつもある。二階座敷の棚を一周してならぶ真空管ラジオ、ブラウン管テレビもすごい。昭和時代が埋め尽くすここはいったい何の店だ。

以来通い続け、今日は数年ぶりだが、入ってすぐに大型ジュークボックスが置かれ、本物の赤ポストが立って丸太電柱の街灯が照らす。これは以前はなかった。

「二年前に改装したんです」

話すのは当店二代目の松本宗三さん（45歳）だ。大分空襲でも残った戦前の家を、父・實雄さんが少しずつ居酒屋にして二階座敷があるまで大きくなったが、二年前の熊本大分地震で芯柱が浮いてしまい危険なので、カウンター、

實雄さんのコレクションが玄関から所狭しと置かれている様はまるで博物館のよう。

柱、壁は昔のままに残し、座敷もすべて椅子席に変えた。琺瑯看板は二階への階段周りを使っても飾りきれず、一階奥にガラス戸越しに塀を立てぎっしり張り、古い電化製品がならんでいた座敷は何もなくした。新装を終えてきれいにすっきりした店内は、かえって古いものが引き立ち、モダンな博物館のようになった。

ジャズに魅せられた少年が他にない居酒屋を作るまで

「こつこつ庵」の開店は昭和四六年。私は通ううちに、ちょび髭に笑みを絶やさずジャズを口ずさむ創業マスター松本實雄さんの人柄に惚れ、戦後大分のジャズ文化と松本さんを交錯させ、小説『居酒屋かもめ唄』の一章に書いた。その松本さん部分の大要。

〈昭和一二年、別府に生まれた松本さんは小学二年のとき終戦となり、進駐軍がやってきた。家のすぐ近くのカフェーは朝から晩までアメリカの若い兵隊が来て酒を飲んでレコードをかけ、その音楽に魅了されていつも店の外で立って聴き、英語の詞も覚える。工業高校電気科を出て北九州に開局したテレビ局の電気サービスとして働いたが、ジャズマンへの夢捨て難く、得意のギターを持って転身、小倉のキャバレーのバンドボーイとして働く。マイクやアンプの調子が悪いときは電気科出身のお手のもので修理した。当時ピカピカの楽器は憧れの的で、質屋にあるフランス製セルマーのアルトサックスを毎日眺めていた。

しかし夢破れて故郷に帰り電気屋を再開。人を使うまでになったが、カラーテレビの普及で家電の目玉商品もしばらくないだろうと思い居酒屋を始めた。古物の蒐集は電気屋でまわりながら古い家電をもらうことから始めて、古銭、レコード、家電、琺瑯看板などに広がり、ステレオや洗濯機など大きなものは倉庫を借りて保管するまでになった。〉

小説は、以来数十年、憧れのセルマー・アルトサックスを新品で手にするところで終わらせている。

長男の宗三さんは子供の頃、よく父に連れられて田舎道を車で走り、廃品回収で出たものを取りに行かされ、市電廃線を知るとすぐに駅看板をもらいに行った。帰りの父はうれしそうにしていたが、やっていることの意味はわからず、母からは「こんなゴミはこっそり捨てなさい」と何回も言われたそうだ。

入口に新しく置かれたジュークボックスは父が五十数年前に買ってあったのを、店の改装を機に東京の業者に修理に出し、鳴るようにして店に置くと大喜びしてくれたそうだ。それまでは鍵も開かなかったのが戻ってくると、鳴らすために入れたお金が残って入っていたというのがいい。實雄さんは開店当時は店に演歌を流していたが、有線放送配信ができてからはジャズばかり。家にレコードは山のようにあり、よくジャズバンドを呼んで二階座敷で演奏させたそうで、ジャズ好きは筋金入りだ。

階段踊り場に何段もならぶのは、ラベルもすっかり退色した古い焼酎一升瓶だ。實雄さんは開店したが壁が淋しいので地酒焼酎一升瓶を買いならべて飾った。昔は製造年月日表示の制度がなく、何年も経つと、もはやいつのものか

小学生の頃にジャズに魅了された、初代・松本實雄さんのギターが壁に掛けられている。

2代目・松本宗三さん。カウンター、柱、壁はずっと昔のまま。

わからない。私は昔、もう客に出せないのでそんな何本かを送っていただいたことがあり、銘柄もよくわからない、おそらく五〇年は過ぎているだろうものを恐る恐る口にすると、奥深い甘味が醸成されたじつにすばらしい年代物古酒になっているのに仰天した。

どこまでも客を大切にする店
愛さずにはいられない

さて一杯やろう。

入ってすぐ右の、通りに面した部屋と、正面奥の広い部屋を細くつなぐ左手が、開店から変わらない、焼酎棚を背にした幅二五センチほどの狭いカウンター四席で、私はここが定席。實雄さんは向かいで焼鳥串を返しながら接客、左奥は台所。開店したときは母の作っていた〈だご汁〉と〈焼鳥〉しか出せなかったそうだ。店名は日田の民謡「こつこつ節」からというのが音楽好きらしい。歌詞はなんとも粋だ。

〽お月さんでさえ　夜遊びなさる（サンヤリ　コツコツ）
歳は若くて　十三、七つ（ハッ）
よしておくれよ　雲隠れ（ハァ　コツコツ）

ツイー……。緑のかぼすを搾り落とし、氷を指でカランとまわした麦焼酎がうまい。

　注文のまず最初は、刺身を白ゴマ入りの醤油たれに浸けた〈琉球〉だ。博多の〈ごまさば〉に似るが、名「りゅうきゅう」の由来はわからず實雄さんが漢字をあてはめた。つまり琉球のものではなく残った刺身を活用する大分家庭料理。魚はなんでもよく、男はこれで一杯やり、子供はごはんにかけて食べる。〈キラスまめし〉は「きらす＝おから」を「まめし＝混ぜた」もの。〈だご汁＝だんご汁〉は、小麦粉をこねて帯状に伸ばし、野菜やきのこを入れた汁で肉魚は使わない。初めて来たとき「絶対です」と奨められ、うすい味噌味にごぼうの香り、よれよれもちもちの噛み心地に魅了され、以来欠かさなくなった。〈やせうま〉〈ほうちょう〉〈焼すっぽん〉など大分郷土料理はユニークなものが多い。

　高齢になって實雄さんは体をこわし、宗三さんが継いで一二年が過ぎた。その頃私が訪ねると、實雄さんがわざわざ来てくれ「アルトサックスやってますか」との尋ねに「いやあ」と頭をかいた笑顔が忘れられない。八五歳になられた今はケアつきホームで外出することはなくなったそうだ。

　お父さんの近況を聞く私に、宗三さんはしばらく黙ったあと口を開いた。

　平成二二（二〇一〇）年、32歳で父の後を継いだとき、ベテラン板前も、従業員の姐さんも、もちろん母も全員が年上で自分を見ているプレッシャーは相当強かった。父はお客第一で〈琉球〉を求めて来る客にがっかりさせたくないと、上等な関サバ・関アジを絶対品切れさせないよう大量に仕入れ、残りは毎日家に持ち帰った。関サバを残さなきゃビルが建つと冷やかされたそうだ。刺身を食べ終えた

大分名物〈琉球〉と麦焼酎とかぼす。

2階は座敷だったが、大分地震の影響で芯柱が浮いてしまったため、椅子席に変えた。

客に、魚のうまみがついたたれを白いご飯にかけて出し「うまいやろ」と強要して（笑）、「はい」と答えさせた。宗三さんが年中無休を止めて定休日をとると言うと父は猛反対。もしその日に客が来たらわるいと外に立っているのを見て、これほど客を大事にするのかと思ったという。

コロナ禍を経た最近、昔の客が再び訪ねてくれるようになり、父が続けてきたことの意味がようやくわかった。客を大切に笑顔を絶やさず、客から冷やかされるとごまかすように焼鳥串をひっくり返して笑いを誘う父をいつも隣で見ていたが、その存在あってのことだったと。ジャズプレイヤー坂田明氏に似る愛嬌のある笑顔のイラストは、箸袋やコースターに残っている。

實雄さんが古いものを集めたのは、時を経たものを尊敬して残さなければという使命感だったと思う。この店こそがまさにそうなった。これこそ文化遺産だ。

私は席を立ちジュークボックスに向かった。今はお金を入れなくてもかかるようにされて、数多い曲目はジャズが多く、レコードは實雄さんのコレクションだろう。ひばりの「川の流れのように」、豆千代の「こつこつ節」もある。そうだ、これにしよう。盲目の黒人歌手レイ・チャールズの熱唱「愛さずにはいられない」を、立ったままじっと聴

岩里産婦人科
別府市北浜
別府タワー横
TEL.879
イタマス
ロート目薬
戸締りご用心
火の元ご注意
吉村耳鼻咽喉科
TEL.129
キセキ籾摺機
価格改定のお知らせ
ご自由にお持ちください。
カメヤマ
カクイわた
三菱ミシン
大分市西新町
古川商会
安全
交通
広瀬整形
佐伯市山手
胃病薬
太田胃散
便利
徳用
味の素
焼酎は
さくら
ツバメ自転車
大久保医院
トーヨー地下たび
酒は現金で
西大分
王子
神田乾電池

き入った。
實雄さんが現役中続けていた、「御来店の想い出をお残し下さい」と来客に書いてもらう「楽苦書帳」は約四〇〇冊にまでなった。その一五一号を開いた。

〈広島から妹が来ました。入院中の夫を見舞ってくれました。夫のすゝめでコツコツ庵にきましたが、イラストと同じ顔のご主人で、イワシのお寿司と関さばのお寿司も大変おいしく、だんご汁も結構なお味でした。ナプキンのかわいいイラストにひかれて少し持って帰ります、ゴメンナサイ。そのかわり広島へ帰って、妹が大いにコツコツ庵のことを話してくれると思います。ごちそうさま。〉

〈金沢から新婚旅行で来ました♡　彼の父のうわごと「ああ、関サバ食べたい…」代わりに名代として頂きに来たのですが、うーんうまい！　一言です。父（富山在住デス）にこのお店を紹介しておきます。帰ったら写真を見せて自慢しておこうっと。これから彼の育った鹿児島へ向かいます。〉

〈平成十二年六月十二日 第六二代横綱 大乃国 芝田山康〉

〈H11・2・11に、うちの父母がこちらにおじゃましてすごくおいしくて、かんじがいいお店（こつこつ庵）に行ったことをきいていたので、大分に来たらぜったいに行こうと思っていました。私は大分の人と結婚し、今、三重に住んでいます。今日は彼の実家に帰ります。母が言っていたとおり、おいしくて、あったかいお店でした。先程はわざわざ母が書いたらくがき帳をさがしていただいてありがとうございました。大分に来るたびに必ずここに来ますネ。家族でこちらのファンになりました。〉

　みな住所、実名まで記すのが正直な気持ちの現れだ。宝物あふれるこの店で、最も貴い遺産がこれだろう。

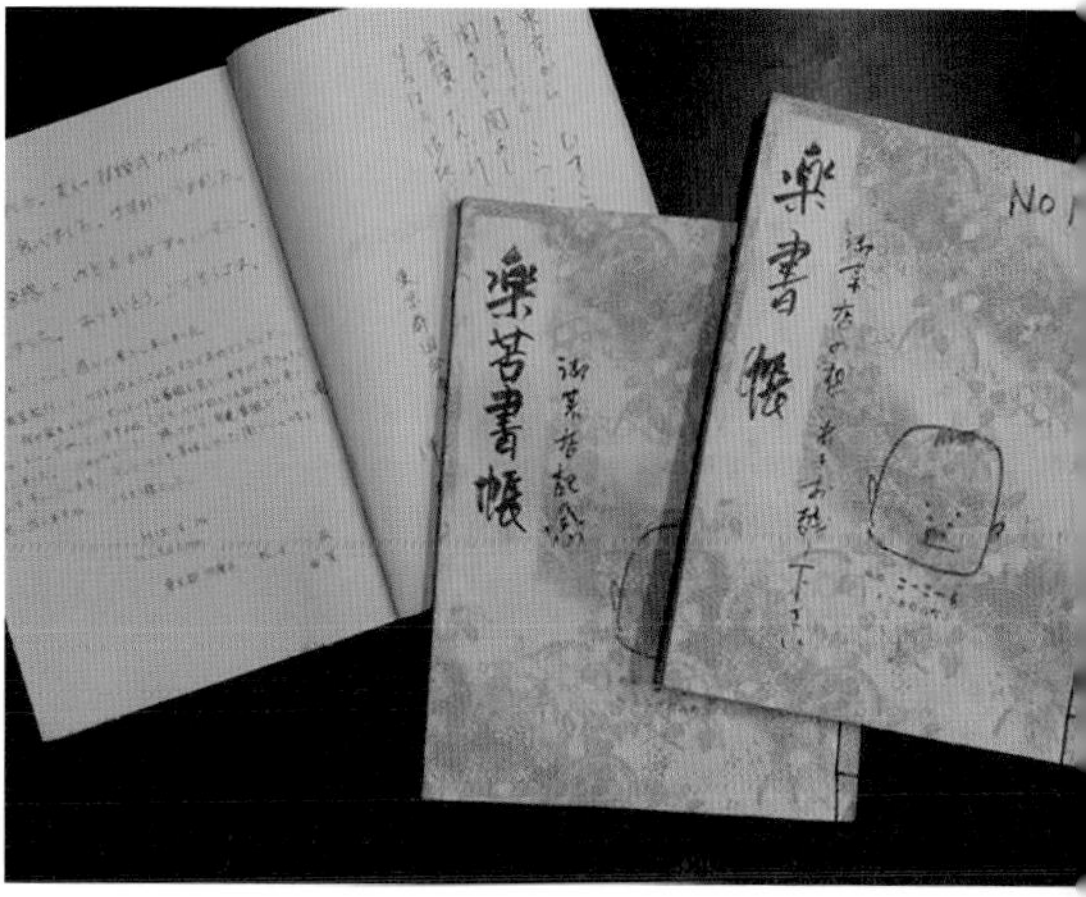

約400号まで続いた「楽苦書帳」は訪れた客の歴史。

OUTLINE
店舗概要

FOUNDED ｜創業

昭和46（1971）年に創業。当初、1階がガレージになっている一軒家で営業を開始し、ガレージ部と2階を改築して現在の木造2階建ての建物に。かつてはカウンター前に焼き場があり、初代・松本實雄さんが焼き物を担当していた。

HISTORY ｜歴史

お店にずらりとならぶ、ラジオ、テレビなどの品々は初代・實雄さんが方々から集めてきたコレクション。2代目・宗三さんは幼い頃に父と一緒に車で廃品回収したという。

CUSTOMER ｜客層

主に役所に勤める方が中心。地元の食材を使った、「琉球」「キラスまめし」「とり天」「関アジ関サバ刺身」などの郷土料理を出し始めてから徐々に観光客の来店が増えていった。

FILE

創業	昭和46年／1971年
エリア	大分県大分市
創業時の形態	居酒屋
構造	木造2階建て
店主	松本宗三（2代目）

多くの方から人柄が愛された、
實雄さんとその家族。

住居を改築した、二階の大座敷

2階には、区分けされた大座敷がいくつか用意されている。

2階へと上がる階段周辺にも商品看板がぎっしりと貼られている。

座敷のお客様を見守る、薬の商品看板。

2階には4つのサイズ違いの座敷がある。

實雄さんの似顔絵は今もトレードマーク

箸置きにも使われているトレードマークのイラストは、實雄さんの似顔絵。

懐かしの看板やアイテムに混じり、實雄さんイラストの暖簾も掛けられている。

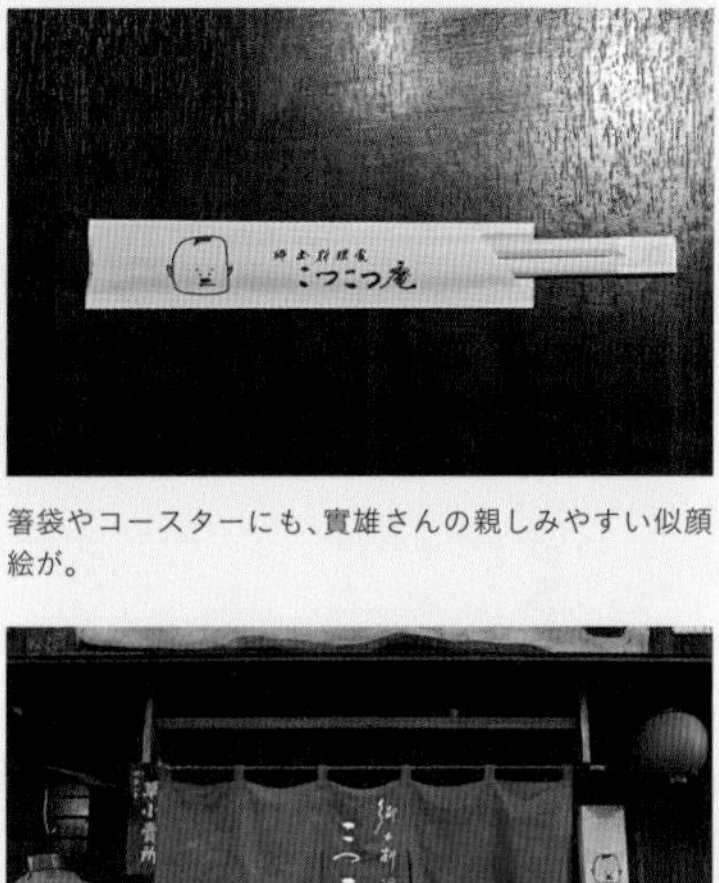

箸袋やコースターにも、實雄さんの親しみやすい似顔絵が。

基本の紺地に白抜きで店名が入った暖簾。

DATA こつこつ庵	大分県大分市府内町3-8-19｜097-537-8888｜11:30-14:30、17:00-22:30, 日定休（連休最終日はお休み）

こつこつ庵ミュージアム

松本實雄さんの膨大なコレクションは、まさに昭和文化のミュージアム。グラスを手にじっくり見て歩くと、たまらないノスタルジーがわいてくる。

かつて大分に通っていたバス停の駅看板。

国東市税務所の琺瑯看板。

アース製薬の看板が男子トイレに飾られている。

俳優・南利明氏の笑顔がまぶしい、炭酸飲料の看板。

棚を一周する古い真空管ラジオ、掛け時計、焼酎瓶。これでもまだおさまりきれていない。

タカラビール
専売公社前
天下 無双
醤 甚 油
フジジン
強力殺虫剤
ハイアース
山弥饅頭
ウヰスキー
生きた味
アサヒビール
衣料品なら
キンヨー
城屋のかすてら饅頭
イカリソース
ダルマ焼酎
サンヨータイヤ
日本一の
おたふくわた
三光丸
たばこ
コハタ
カレー
こつこつ庵
純手のべ
お持帰り出来ます。

郷土料理
こつこつ庵
大分の本格焼酎

10 JAPAN HERITAGE OF IZAKAYA

熟成する店と酒

うりずん

——沖縄県 那覇市

観光客が集まる国際通りを抜け
細小路の先に現れる二階建て木造の居酒屋
終戦記念日に開店してから今まで
地元の人や沖縄を愛する人の溜まり場に
沖縄赤土を含んだ無骨な内装は
月日とともに不思議な落ち着きを見せる
寝かせて楽しむ沖縄泡盛に
様々な想いを込めて
絶品の郷土料理と一杯二杯
沖縄の酒場らしく窓を開け放てば
酔い覚ましに心地よい風が吹き抜けていく

泡盛 古酒と琉球料理・うりずん
IC CARD

豪快でおおらかな沖縄らしい酒場

那覇。巨大なシーサーが二階に立ちならぶ沖縄県庁舎の前から東に伸びる国際通りが終わり、頭上のモノレール「ゆいレール」が急曲がりする安里駅近くの道路脇、栄町市場の細小路に二階建て木造の居酒屋「うりずん」がある。

木造にだいぶ色あせてきた白ペンキ塗りで、一階瓦屋根には草が生えている。小さな暖簾には、細い注ぎ口の泡盛酒器「カラカラ」を三つ巴にまわした紋。玄関戸はつねに半開き、沖縄特有の二階窓の細格子は、風を取り入れる造りだ。店名「うりずん」は「潤い初め」。湿度が増して樹々の緑が濃くなる、沖縄の三、四月頃の気候を表す言葉だ。

中はさほど広くなく、手前に机三つ、奥は、隅に据えた大きな泡盛の甕を囲むL字カウンター。右壁は紙封された泡盛古酒の小甕が床から天井まで何段もならび、隅の料理差し出し口の向こうは調理場だ。

創業した故・土屋實幸《つちやさねゆき》は、もと旅館だった二階家の改造を陶芸家・島武巳《しまたけみ》に依頼した。島は安くあげたい意図もあって、材料代がかからない沖縄赤土を運んでセメントを混ぜ、陶器の破片を練り込んで荒々しい壁を手塗りした。しかし板張りの方が安いとわかり、こちら側は板壁にして、基礎は不ぞろいに積んだ煉瓦積み。自然の形で一五センチもある分厚いカウンターは琉球松。戦前沖縄の街道に松を植える「宿道」に松を提供した林業者の名から「祭温松《さいおんまつ》」と言われたもので、土屋は「これは祭温松だよ」と自慢した。

さらに島は陶芸家らしく独自の大シーサーを造って玄関上に置いた。それがある夜盗まれたが、数日後もとに返されていたというのが、誰も見てなかったのかいと沖縄らしいおおらかさか。

屋根の巨大シーサーは何者かに盗られてしまったことがあるが、そっと戻されていた。

頑丈そのもののテーブルが3卓とカウンター。右は2階へ上がる階段。

店名は、通って影響を受けていた居酒屋「民芸酒場おもろ」主人の新垣盛市《あらかきせいいち》にお願いし、高校美術教師・末吉安《すえよしあん》久《きゅう》に流麗な店名文字を揮毫《きごう》してもらった。

店の準備が整い、アメリカから沖縄が返還された復帰の年、昭和四七（一九七二）年の八月一五日に開店。一日せいぜい七、八人の客に家庭用机とミシン椅子で対応していたが、長年近くの国場川に浮かんでいる材に目をつけ、新しく机を作ることに。しかし非常に重く硬いため、製材所で何度も鋸の歯がとんで（歯は一本二、三〇万するとか）断られ、業者を見つけてなんとか仕上げ、机一七卓と丸太椅子に仕上げた。

そうしてできた武骨な店内は五〇年を過ぎ、通い続けた客が与えた艶を裸電球が照らして、荒っぽさが年月を経て温かな人間味となったかの居心地に、いつまでも座っていたくなる。カウンター上にならべて飾る月桃の葉巻きは、家族の健康を祈願して旧暦の一二月八日に食べ、祝い事にも使われる「ムーチ（力餅）」だ。

そのカウンター正面土壁に新たに、平成二七（二〇一五）年に七三歳で亡くなった土屋實幸の肖像画が加わった。作者は土屋の中学同級生で高校美術教師のとうますえこさん、土屋の訃報を知るとすぐ頼まれないのに描きあげて

初代・土屋實幸さんの肖像画。

持ってきた。

その絵のすばらしさ。私は初めて見たとき写真かと思ったほどだが、筆のタッチを残さずに克明な描写に徹した作は人柄をよく伝え、大げさかも知れないがレンブラントなどを思わせ、いつまで見ても飽きることがない。ここまで慕われた土屋實幸とはどういう人か。

多くの沖縄ファンに愛され支えられる店に

店のある栄町は連れ込み旅館街で戦後は遊廓だった。「うりずん」建物も旅館だったのを、一階は店、二階は三部屋の畳座敷に改造。二階床の間に置く古い三線《さんしん》や泡盛甕は風格を与え、沖縄らしく窓を開け放って大勢で飲むにはまことに快適だ。その後、向かいの成海旅館を別館に改造、一階はモダンなテーブル室、風情ある階段を上がった二階は大広間で団体にも対応できる。木館と向かい別館の間の空き地は長椅子が置かれ、日没の遅い沖縄の夕暮れどき、飲み醒ましに出て夕涼みする解放感がいい。

通りはかつて、戦時のひめゆり部隊で知られる第一高等女学校の校門に続く道で、そんな所に遊廓がと思うがそれは戦後の話。今は「ひめゆり通り」の名がついている。戦後、第一高女跡にできた「栄町市場」は、観光客も多い「牧志公設市場」ほど大きくない市民の生活市場で、なんでも

沖縄県内ほとんどの酒蔵で作られている泡盛を取り扱っている。

カウンター奥に鎮座する泡盛大甕はまさしく主役。

そろって安く「いめんしぇーべり（いらっしゃいませ）」と気軽に声をかけてくれ、ちょいと一杯の店もいくつもあり、いかにも沖縄地元にいる気持ちになれる。

實幸さんは、調理は奥様・恵子さん、その妹・ゆり子さんにまかせ、自分はもっぱら客の相手をした。話をよく聞く、人好きな性格に、次第に地元の教員や新聞放送関係、電電公社、県議会人などが仲間連れで来るようになった。

一〇年も経つと、訪れたヤマトンチューを、ウチナンチューが「ここが沖縄らしい店」と連れてくるようになり、高橋治、大島渚、崔洋一、山崎努、浜美枝、尾崎紀世彦などファンを生む。平成二四（二〇一二）年の開店四〇周年祝額には、椎名誠、池澤夏樹、嵐山光三郎、中尾彬・池波志乃夫妻らがメッセージを寄せ、不肖私のもある。實幸さんがいつも言う沖縄の言葉「イチャリバチョーデー」（一度会えばきょうだい）の現れだろう。

写真家・垂見健吾さん＝通称「タルケン」は、私と同じ山深い信州の育ちながら沖縄を気に入って住み、トランスオーシャン航空（旧南西航空＝この名の方が好き）の機内誌など、沖縄の写真はすべてまかせろの人。私が来沖するとどこで聞いたかいつの間にか隣にいる。今日も来て「いま忙しいさー」と消え、忙しいのにとうれしくも苦笑するばかり。平成一九（二〇〇七）年、東京都心に新築の新丸の内ビルディング五階に「東京うりずん」を開店した初日にももちろん沖縄から来ていて「ハイサイ、カズさん、チューウガナビラ」と迎えてくれた。同じ写真家・吉見万喜子さんもうりずんの大ファンというか世話役で、ここの取材をサポートしたり、一緒に飲んでもくれてこれまたいつもいる友達。一人飲み派の私は居酒屋で知りあいになることはまずないが、うりずんでは全くその逆になるのが不思議だ。

様々な願いと想いを沖縄泡盛に込める

こうして「うりずん」は沖縄ファンの基地たる居酒屋となったが、實幸さんのより大きな功績は戦後壊滅状態だった沖縄泡盛を復活させたことだ。

東洋大法学部での苦学を終えて帰った戦後の那覇の酒場は、ウイスキーばかりがならんで泡盛は見向きもされなく、あんな安酒は人に出せるものではないと蔑視されていた。しかし實幸さんは「民芸酒場おもろ」などで泡盛を知り、島の酒に誇りを持って守りたいと、本島離島に五七あった全酒蔵の泡盛をそろえ始める。さらに泡盛は何年も寝かせて味を増してゆく酒で、かつては首里城に二〇〇～三〇〇年寝かせた古酒もあったが、戦時のアメリカ軍爆撃で大半が失われたのも知った。そうして平和のため古酒を復活させる「泡盛古酒百年運動」を立ち上げる。

平成九（一九九七）年「泡盛百年古酒元年」発会式を行い、会員が出し合った会費で一升瓶一五〇〇本ぶんの泡盛を三石甕五本におさめ、一〇〇年の眠りにつかせた。開けるのは二〇九七年で、会員本人はもう飲めないが子供や知人に会員証を渡しておける。「泡盛を百年熟成させるのは、その間沖縄が平和であり続けること」という言葉にすべてが込められた。

一〇〇年とは言わなくても、自分で一〇年、一五年と寝かせて楽しみにするのが泡盛の基本の飲み方で、子供が生まれると甕に仕込み、結婚式で開けるのも恒例だ。飲み残して死んだら子や友人が飲み継いでくれる。

自分の人生とともに生き、成熟してゆく酒とはなんとすばらしいことか。まさに一生の伴侶ではないか。それを一

2代目・土屋徹さん。いつも初代の肖像画が店を見守っている。

人ひとりでやっている、こんな文化が世界にあるだろうか。
「うりずん」の品書きには〈泡盛は世界に誇る沖縄の文化〉として〈泡盛はお米と麹菌だけで造られている蒸留酒です。その誕生は十五世紀。当時広く交易を行っていた中国をはじめ東南アジア諸国の蒸留酒造りの技術が琉球王国に伝わりました。特徴は、できた酒を寝かせることで熟成が進み、ふくいくたる香りのまろやかな酒になることです……〉とあり、八年、一二年、二〇年ものを店で味わえる。

以前常連の方から聞いた。「どの家も自分の古酒を持っていて、それが一番うまいと確信しているが、他人には話さない」「自慢しないんですか?」「……じゃ飲ませてみろ、となり、減ってしまう」「ぶはははは、ケチ」。

大笑いすると体裁わるそうに、だってそうだろという顔がよかった。それゆえ古酒の自慢は、したいけどしないんだと。実際には飲んだぶんだけ足していつまでも楽しむ、つまり一緒に生きているというのもいい。その二〇年もの古酒の味わいは「自分の生きてきた人生を肯定してくれる」とだけ書いておこう。

さて料理。

持ち帰り自由のここの六つ折り縦長品書きの沖縄料理四一種は、説明、写真(撮影タルケン)、編集デザイン、すべての面で日本一と言いたい完成度で、一部いただいた私は家でひまがあれば見ているほどだ。

スーチキ、中味イリチイ、スクガラス豆腐、ソーチバージューシー、ナーベラーンブシー、ゴーヤー・豆腐・麩の各種チャンプルー、イカのすみ汁、ミミガーさしみ……。

一番人気は、練った田芋を豚肉・かまぼこ・しいたけと混ぜた〈ドゥルワカシー〉が残るとコロッケ風に揚げていた店の賄い品を客にも出すようにした〈ドゥル天〉だ。私は、〈島らっきょう浅漬・ラフテー・豆腐よう〉の三種の神器で始め、あれこれ追加し、最後の〆は〈ソーメンプットゥルー〉だ。沖縄食の魅力は、あらゆる地産素材を隅々まで無駄なく使って各種調理で結論づけられた完成度の高さ。「おもてなし」などと言うよそ行き言葉を一笑に付す郷土料理の力強さと言おう。

店はタルケン筆による「泡盛百年古酒元年」の字が背に入る黒Tシャツの若者がきびきび働き、どことはなしに客に連帯感が生まれているのを感じる。今日も大阪から来たというまだ大学生の男が、いつの間にか私のいる机に座って熱弁をふるった。沖縄人気を反映して国際通りには大きな店がいくつも賑わうが、ここは「観光」感は全くない地元の酒場だ。

開店三年目にカウンター正面角に据えた泡盛大甕は貫録がついてまさにこの店のシンボルだ。實幸さん亡き後を継いだ徹さんは父とちがった照れ屋で、あまり接客でカウンターに立つことはなく、客はもっぱらこの大甕を相手に飲む格好になる。しかしそれはここに合っている、店の主人はこの大甕なのだ。その横で實幸さんがにっこり店内を見ている。

沖縄という土地のおおらかさに触れて

私が初めて沖縄に来たのは五〇年前か。閉塞した内地とはちがう、こんなすばらしい地が日本にあったのかという感動は今もはっきり覚えている。何ごとか辛くても「なんくるないさー」(心配せんでも平気、平気)でかわす強さ。「イチャリバチョーデー」飲めば両手を上げてカチャーシーを踊るおおらかさ、陽性の哀調をおびた三線の響き。そのすべてに魅了された。

日本が始めた無謀な大戦で沖縄は捨て石とされ、大きな犠牲を強いられた。そして今なお本土政府はその姿勢を平然と続けている。しかし沖縄はしたたかに変わらない。私は沖縄に来るといつも正直になれる。沖縄は自分の心の最も良いところを守ってくれている。

OUTLINE
店舗概要

FOUNDED ― 創業

昭和四七（一九七二）年に創業。栄町市場は料亭と遊郭が多いエリアで、うりずんの建物ももとは遊郭。当時の沖縄の居酒屋では泡盛を扱う店は少なく、ウイスキーが全盛。「飲んじゃいかん雰囲気だった」と二代目・土屋徹さん。

HISTORY ― 歴史

印象に残る陶片が練り込まれた赤土の壁は陶芸家・島武巳さん、看板の文字は高校美術教師であり作家の末吉安久さんが揮毫したもので、歴史が深いだけではなく、どれも大変貴重な財産となっている。

CUSTOMER ― 客層

出張で立ち寄る方、常連客が多くを占める。初代・土屋實幸さんが手がけた、古酒を育てるプ

❷カウンターの天井

カウンターの天井には、カーブした天井が2重で張られている。

❶壁

陶芸家・島武巳氏による陶器の破片を練り込んで手塗りした壁。

❺テーブル

丸太椅子と同じ材木で仕上げたテーブル。

❹椅子

近くの川に浮かんでいた木から作った丸太椅子。

❸カウンター

カウンターに使われている材木は琉球松。15センチの厚さがある。

❼柱

丸太柱を支える石がいい。

❻お品書き

メニューには普段聞き慣れない名前の沖縄料理がたくさんならんでいる。

FILE

創業	昭和47年／1972年
エリア	沖縄県那覇市
創業時の形態	居酒屋
構造	木造2階建て
店主	土屋徹（2代目）

ロジェクト「泡盛百年古酒元年」は常連客からの賛同を多く得て、現在は一万口以上を集めた。

畳座敷の2階はぐっと落ち着いた雰囲気

2階には座敷が3部屋ある。三線《さんしん》や泡盛の甕などが沖縄らしい風格を与えている。

三線にならんでこけしが飾られるのは、沖縄では珍しかったのか。

大広間は団体客にも対応可能。

遊郭の名残がある格子付きの窓からは、南国らしい遅い夕暮を楽しめる。

居酒屋初心者でも入店しやすい雰囲気の別館

植栽に囲まれ屋根に覆われた入り口。戸がつねに開いているのは、風を店内に入れるため。

2階に3部屋あるうちのひとつの畳座敷。2階には40人以上を収容することができる。

店内入って右側には泡盛の瓶が横ならびに4段ならんでいる。

テーブル席には白壁の仕切りがある。

DATA **うりずん** | 沖縄県那覇市安里388-5 | 098-885-2178 | 17:30〜24:00, 年中無休

うりずんの品書き

南の群島である沖縄は、地の素材を本土とは全く異なる発想で調理し、究極まで洗練させた。食べるほどに体の芯から活力がわき、健康になってゆくのは、本土のひ弱な割烹料理をあざ笑うようだ。

日本一のメニュー

名前だけではわからない沖縄料理を、写真と短文で丁寧に紹介する縦六つ折りのうりずんメニューは泡盛ガイドも入り、日本一のメニューだ。持ち帰り自由。私は東京の仕事場でときどき広げ、また行きたいなーと思っている。

ドゥル天

ミミガーさしみ

スクガラス豆腐

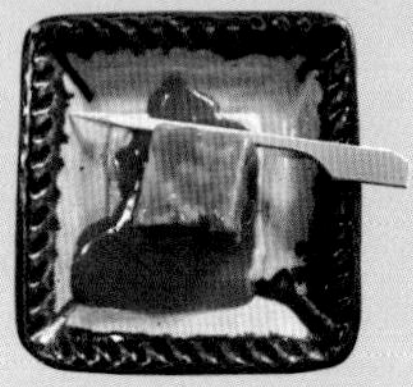

豆腐よう

麩チャンプルー

ラフテー

ソーメンプットゥルー

足ていびち

ゴーヤー肉詰め 756円 ②ゴーヤーチップス 540円
① フーチバージューシー 324円
② ボロボロジューシー 540円
シャコ貝刺身 1,080円~2,160円
沖縄そば 540円
うりずん定食 3,240円
血イリチイ 540円
豆腐チャンプル 540円
クブシミ刺身 864円~1,080円
スーチキ 540円
ドゥル天 648円
① 島らっきょうの浅漬け 540円
② 島らっきょうの天婦羅 540円
① ナーベラーンブシー 540円
島ダコ刺身 864円
豆腐よう 378円
ゴーヤーチャンプルー 648円
魚天婦羅 648円
セーファン 540円
① ミーバイ刺身 1,080円
② イラブチャー刺身 1,080円
ラフテー 864円
① ソーメンプットゥルー 540円
② ひらやーちー 540円
イカのすみ汁 1,080円
①ジーマーミ豆腐 540円 ②スヌイ 540円
昆布イリチイ 540円
麩チャンプルー 540円

うりずん

創業 1972年8月15日

泡盛は世界に誇る沖縄の文化

ドリンクメニュー
・泡盛(各種銘柄) 756円~
・うりずん特製古酒(8年もの)
・うりずん特製古酒(12年もの) 1,458円
・超古酒20年酒 3,456円
・花酒(60度)12年酒 3,456円
・泡盛カクテル 648円
・オリオンドラフトビール 648円
・生ジュース 540円
・サンピン茶(ジャスミン茶) 324円

県内の酒造所とおもな銘柄

ヒールンファーとスーチキの炒め物 540円
① ニガナの白和え 648円
② ニガナと魚の味噌和え 756円
スクガラス豆腐 324円
ミミガーさしみ 540円
① 焼きそば 540円
② イカスミ焼きそば 1,080円
① 亀山豆腐 540円
② 揚げ豆腐 540円
① タコの油みそ 540円
② 豚肉の油みそ 540円
ミヌダル 756円
足てぃびち 864円
中身イリチイ 540円
ドゥルワカシー 540円
チキアギ 540円
島魚のマース煮 1,620円~
梅みそ 324円
①海ぶどう 1,080円 ②大根とイカのなます 540円
中身の吸物 540円
島豚ソーキの塩焼き 1,296円
ターンム(田芋)の唐揚げ 540円
ウムクジ天婦羅 540円
魚のあら煮 1,620円~

うりずん酒仲間

土屋實幸さんの作った、どこか志と品のあるうりずんの空気は、本土の人にも大勢のファンを生み、「沖縄に行ったらうりずん、帰るときもう一度」と、沖縄の実家のようになった。

『酒飲み仲良し新聞』

うりずん発行の『酒飲み仲良し新聞』が存在するほど沖縄のみならず全国の酒飲みに愛された店を証明するもの。

土屋さんの魅力が細かく記された解説イラストや４コママンガ。

開店四〇周年に寄せられたメッセージ

それぞれの手書きに込もる愛情の温かさがいい。
これが客を作ってゆくということ。

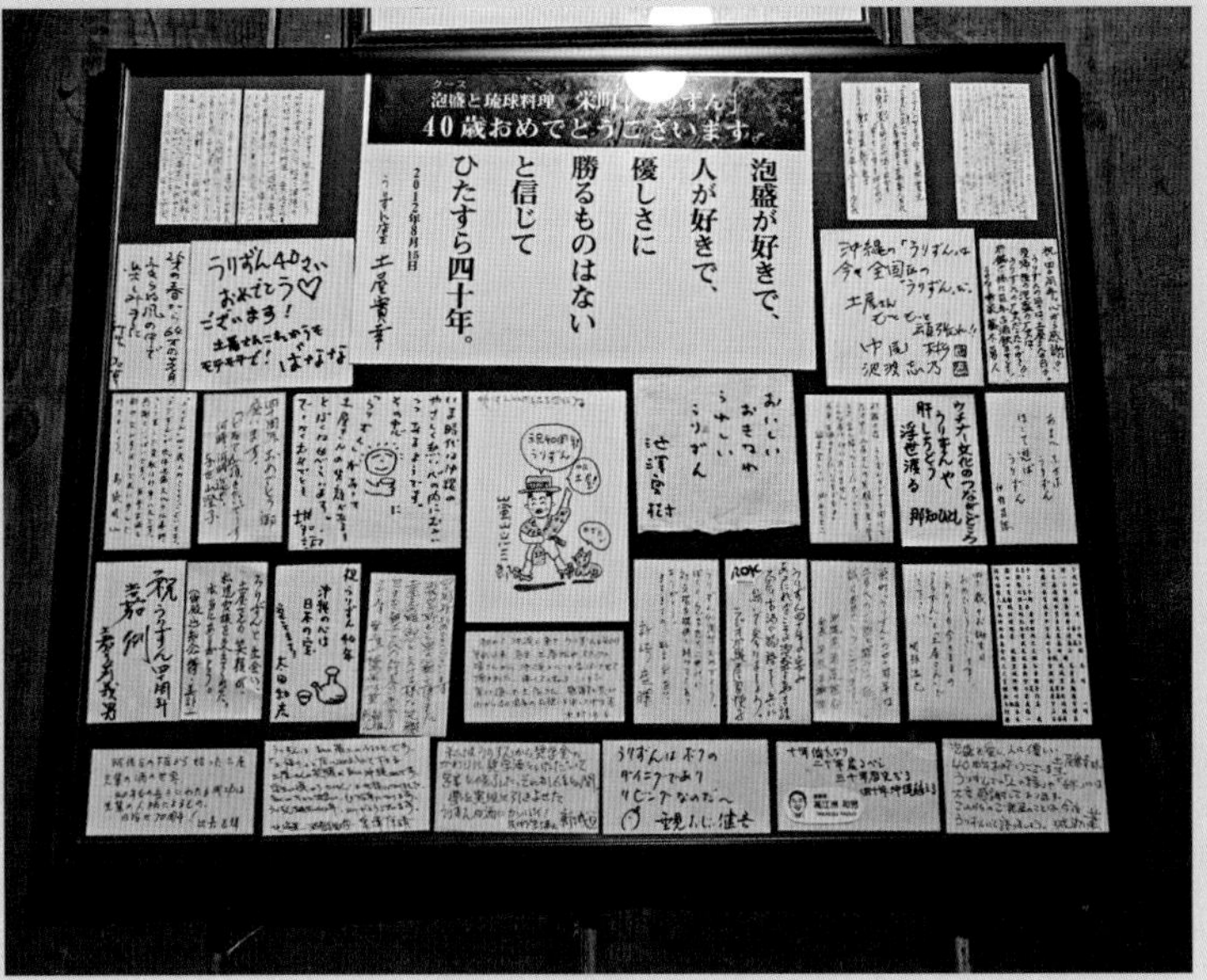

真ん中のイラストは嵐山光三郎さん。左上は吉本ばななさん。

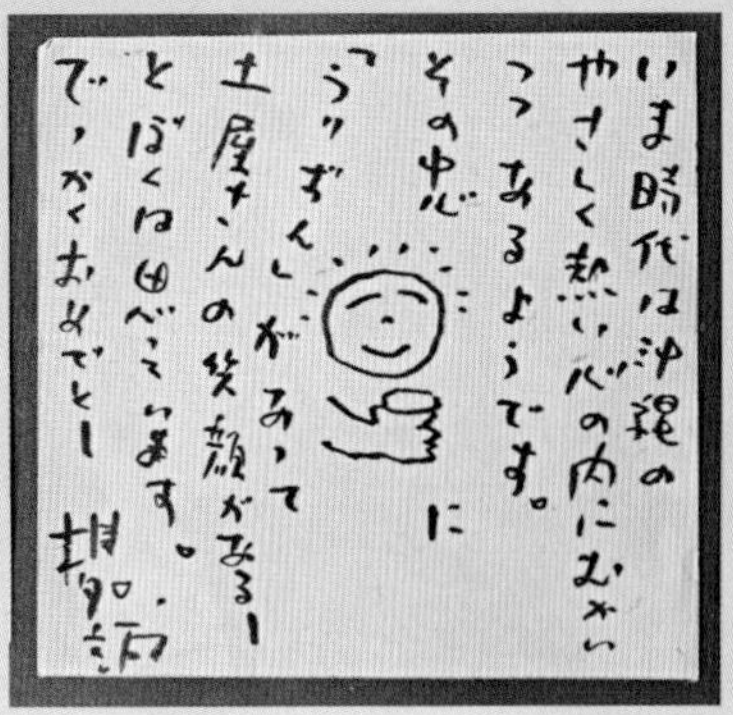

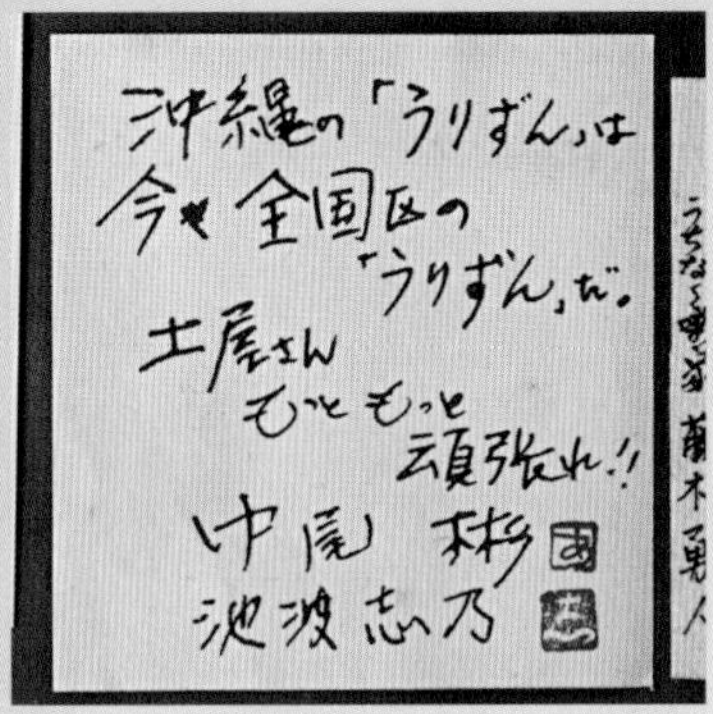

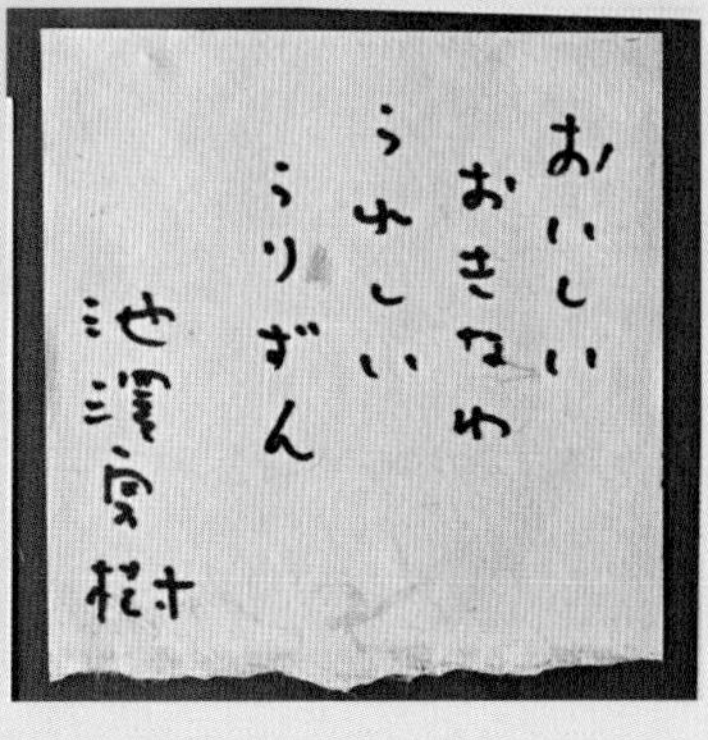

西日本の名物料理

土地の特産物や郷土料理を多く扱う店が多い。料理もまた店の文化を支える一つの顔である。

神馬

季節に合わせた旬の食材を使用した本格的な京料理の数々を楽しめる。

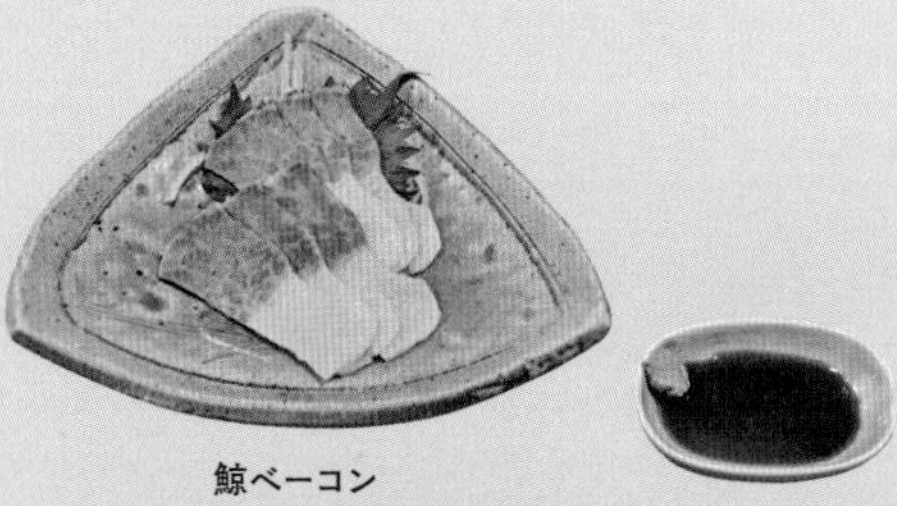

鯨ベーコン

甘鯛のかぶら煮

すっぽん小鍋

明治屋

品書き黒板に書かれた
30種ほどのあて。
湯どうふはぜひ食べてほしい。

きずし

湯どうふ

粗汁

京極スタンド

和・洋・中、定食、ごはんもの等々、
メニューは100種類以上。

すじ肉煮込み
こんにゃく

ハムかつ

牛ステーキ

赤垣屋

おでんをはじめとした
飾らない大衆酒場の肴に
「店の格」を感じる。

鴨ロース

きずし

おでん

こつこつ庵

大分の海の幸、山の幸を
ふんだんに使った品の数々。
看板メニュー、だご汁はぜひ。

関あじ寿司

やせうま

だご汁

酒房 武蔵

品数は圧巻の70種以上。250〜1100円というリーズナブルな価格。

鰯のじんだ煮

ごま鯖

串カツ

田吾作

海で獲れた新鮮な
魚介類が豊富。
自家製豆腐も名物だ。

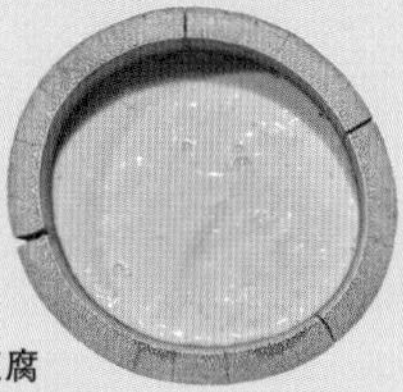

自家製豆腐

イカ刺

いか丼、あじ丼、海鮮丼

おでん安兵衛

看板料理は黒く煮込まれたおでん。
殻ごと4日も煮込んだ玉子が名物。

おでん

湯葉

11 JAPAN HERITAGE OF IZAKAYA

普通の居酒屋の神髄

さいき

——東京都 渋谷区 恵比寿

山の手恵比寿の路地裏に
際立つ古い佇まい
粋な紺暖簾をくぐり中に入ると
酒飲みの心をくすぐる
味のあるカウンター
肴は不動の名物海老しんじょう
いつまでも変わらない
誰とも親しく、誰にも動じない店の姿勢
そうして生まれ、育まれてきた歴史と文化が
居酒屋の持つ力を証明する

さいき

古い佇まいと江戸火消しの白まとい

恵比寿駅西口を出てすぐ、銀行横の路地に飲食店が数軒ならぶ中で最も古いのが、切妻モルタル二階建ての居酒屋「さいき」だ。一階右半分が少し引っ込めた玄関で、瓦庇を載せ、紋「剣片喰《けんかたばみ》」と店名「さいき」を白抜きした紺暖簾がかかり、左半分の細格子窓から、路地に置いたたいろんな植え込み鉢を透かして店内明かりがもれる。二階の戸袋のある窓の鉄の手すりは錆びている。窓隣外に残る鉄枠はもとはクーラー室外機を置いていたか。見かけは、山の手恵比寿よりは、下町に普通にある飲み屋だ。

中は細長い小体な店内で右に四人卓二つ、左はL字カウンターで、中は勘定場から奥の厨房に続く。天然の曲線がうねる幅の狭いカウンターは、黒い節目が点々として味があり、酒飲みならば誰もが座りたくなる。

突き当たり右が手洗いで、ここからは履物を脱ぐ二階階段になる。その正面上、左右いっぱい幅二間もの天然木大扁額は、江戸町火消しの白まといがそれぞれの形で浮き彫りに二〇ならび、下には九軒町、車町、玉木家、音一、金沢町、奥の松、梅林町、紀尾井町、高樹町、荒木町、丹波町、富久町、永楽家など町名二四が列記、左端に黒々と筆字「さいき」。江戸の粋を伝えるみごとなものだが、その下の黒板は品書きをチョークで書いては消してまことに即物的。さらにはみ出して留めた白短冊品書きは長さもばらばらに無造作だ。

窓枠のコート掛けは懐かしく、壁にかけた般若と鬼神の面はかなり良いものだ。玄関隅に置いた英国アラジン社の石油ストーブは相当古く、昔はこれで暖をとったのだろう。歳月を経た店内の戸や窓の手掛かりはすり減り、土壁は様々なシミが浮き、床はひびが入るが、全体をゆったり覆う、交互に行灯明かりを入れた舟底天井は気安い居酒屋にどこか品のある空気をつくっている。

「さいき」は姓「齋木」を店名として昭和二三（一九四八）年に開店。二階が住い、一階で櫻子さんが店をやった。

櫻子さんはしっかりした厳しい人で、ヤクザがショバ代を取りにきてもきっぱりと断り、以降は来なくなった。店でおきた客同士の刃傷沙汰《にんじょうざた》を止めに入り腕に怪我を負ったこともある。着物の尻に触った客の頭を盆で叩き「うちはそういう店ではない」と一喝した。このあたりはヤクザやテキ屋が多かったが、そういう客が来ても悪さをしなければ普通に応対し、親分連の娘や子供とも仲良くした。

1階には大然木の曲線と木目を活かした、幅の狭いL字カウンター席がある。

祭には一斗樽を店外に置いて神輿担ぎの休み場とし入墨の男が片肌脱ぎでひと息入れた。後日、さっぱりした支度でやってきて「釣りはいらん、こないだの酒代だ」と帰ってゆく姿を想像すると楽しい。

女ながら凛とした姿勢が一般客にもヤクザにも信頼される。米軍や自衛隊の客も多く、英会話ができたのでアメリカ軍人の家に食事に呼ばれたこともあり、連れていった娘の尚美さんはまだ子供で、もらって帰った人形の飴がかわいらしく、舐めないでとっておいたのが溶けてしまったとか。

小学校の頃から本好きで、娘の尚美さんには本を読みなさいと少女文庫をたくさん揃え、自身は「平家物語」の勉強会に通っていたときもあった。家庭内でも厳しくしつけ、飲み屋の娘と後ろ指をさされぬよう、門限は、高校時代は七時、大学時代は八時、社会人になってからは九時だった。母は酒は飲めないが毎日立ち、玄関は一つなので尚美さんが「ただいまー」と帰って来ると「おかえりー」と声をかけてくれた。その光景は客たちを和ませただろう。いつからか入って来た客を「おかえりなさい」と迎え、出るときは「いってらっしゃい」がこの店の挨拶になった。

店が混むようになり二階の座敷も使うようにして、自分たちは近所に越した。「さいき五十周年を祝う会」で着物姿で挨拶する櫻子さんの写真は今も店に飾られる。平成一二（二〇〇〇）年、櫻子さんの葬儀は代々木斎場を二間使い、参会者は六〇〇人を超えた。

齋木邦彦さんが店の主役に

尚美さんの一〇歳上の兄・邦彦さんは昭和二〇（一九四五）

人気ナンバーワンは〈海老しんじょう〉。

家族を愛し、店を愛し、客を愛した齋木邦彦さん。中央、可奈子さん。左はお手伝いにきていた可奈子さんの知人。

年生まれで麻布中学、麻布高校と進学。母は息子をかわいがりピアノを買い与え、チェロもさせた。高卒後、京都大学をめざして二浪したが叶わず中央大へ。そこの同級生と結婚後は沖縄で水中撮影機材貸出し業や、ビル清掃会社、喫茶店などいろいろやったがみな失敗し、母が尻拭いしてくれた。西武系の会社でサラリーマンの後、三四、五歳で店の板場に入り、母を手伝うようになった。食べることが好きだったので素人ながら料理の腕は確か。考案した〈海老しんじょう〉は不動の名物になり、洗練された口替わりの〈お通し三点＝例えば、おくらごま和え・新子・舌切りのぬた〉はリピート客を呼んだ。

　私が初めて入ったのは平成一〇（一九九八）年頃で、白金台の私のデザイン事務所の内装をお願いした「高取空間計画」の高取邦和さんが、ここの照明変更を頼まれたんだと、居酒屋好きの私を連れてきてくれた。当時高齢の櫻子さんに代わって邦彦さんが接客。私は彼の文化好きで人好きな柄をすぐ気に入り、そんな私も気に入られたようですぐ常連になり、間もなく行われた「開店六〇周年を祝う会」にも誘われ、広い会場の壇上にタキシード姿で立つ邦彦さんの前を人が埋めるのを見て、一介の町場の小さな居酒屋が人々に慕われ支えられている、居酒屋にはそういう力があることを知った。

通い始めてすぐ感じたのは客筋の良さだ。あの人は誰、と聞くことはしないが、もれ聞こえる客同士の会話や、通称「クニさん」で呼ばれる話しぶりでわかる。大企業重役や社員、出版や放送新聞関係、飲食業、フリー文筆家、安そうで入ってきただけの人、どうやら裏家業らしき人。居酒屋好きの沢田研二さんも夫婦で来て、沢田さんは無口だったが奥様は客と話が弾んだとか。

それらの方々が秘書や付人、また肩書きなしに、自分で来て自分の財布で飲んでゆく。その空気をつくっていたのがどんな人にも対等に話しているクニさんだった。これは想像だが、大望を抱いたがいろいろ叶わず、結局母の店を手伝うことになり、「オレはここでやる、ここで自分を通す」と腹を決めたゆえではないだろうか。誰とも親しくするが誰にも動じないと。私は母の櫻子さんを知らないけれど、この「ここに座ったら身分職業年齢男女博識凡人常連一見、すべて関係なし」の姿勢はきっと同じだったのではないか。

平成二一（二〇〇九）年、民主党から総理大臣になった鳩山由紀夫は、国連デビューして帰国後ここの二階で、クニさんが言うには〈カニクリームコロッケ〉を肴に焼酎お湯割りで二時間もくつろぎ、外に集まったマスコミ連に窓から手を振った。

あるとき演劇雑誌の編集長を連れてゆくと、当時演劇に凝っていたクニさんと彼は即意気投合し編集長は私よりも超常連に。私が誘った相手はほとんどが通うようになってゆく。

結婚された尚美さんは子育てで店とは離れていたが、そのお嬢さん・可奈子さんが大学を卒業してNHKなどと仕事するテレビディレクターに就くとクニさんはとてもかわいがり、忙しいときは店を手伝わすようになった。ある日すてきな美人お嬢さんがカウンター内にいたので尋ねると、クニさんは自慢気に「手ぇ出しちゃダメだよ」と言って可奈子さんに叱られていた。麻布高校の同窓会にも連れていったという。

黒板の隣には白短冊の品書きが
雑多に貼付されている。

キリンビール

「オレのエンゲル係数は九九パーセント」と豪語(?)していたクニさんは、高齢になって糖尿や腎臓、腰もわるくなり日本赤十字医療センターで入院治療となった。ある午後見舞いにゆくと今日は外出していると聞き、それほど重くもないと思った通り、たまに店に立つようになり、さすがに酒は飲んでいなかったが、全くいつもと変わらず世間話で笑い、並み居る常連もほっとしていたようだった。二階に寝泊まりして病院通いとなったが、平成三〇(二〇一八)年に亡くなった。店は、ずっと続けている名板前とともに尚美さんが引き継いだが、建物の老朽化が悩みとなってきているとか。どうか続いてほしい。

「第三の新人」たちが通った店

私が特に「さいき」に興味を持ったのは、吉行淳之介、吉本隆明、遠藤周作、奥野健男、小島信夫など戦後文学の旗手、おもに「第三の新人」とよばれる作家たちが大物作家になる前に、夜な夜な貧しい懐で文学論をたたかわし、二階では「三田文学」の編集会議も開かれたと聞いたからだ。昭和二九(一九五四)年、吉行淳之介は芥川賞受賞が決まった夜に飲みに来た。吉本隆明は「今日は特攻隊だ」

2代目・邦彦さんが亡くなり、2018年に店を継いだ尚美さん。

（帰る電車賃がない）とやってきた。お茶の水の山の上ホテルに缶詰め中の島尾敏雄はスリッパで抜け出して飲みに来た。奥野健男はとくに櫻子さんと親しくいつも何か長々と話しているのをクニさんは見ていた。安岡章太郎は櫻子さんがガンで入院すると聞くやすぐに駆けつけ、二階で五時間も話し込んでいたという。

とはいえ作家の色紙一枚飾るでない普通の居酒屋であるのが好ましい。尚美さんがこんなのがありますと見せてくれた古い色紙に私は目を見張った。一枚を左回りに、島尾敏雄、清岡卓行、進藤純孝、三浦朱門、安岡章太郎、近藤啓太郎、庄野潤三、吉行淳之介、遠藤周作、小島信夫、奥野健男の署名が続き最後は齋木櫻子（達筆）。〈さいきにて昭和四十年五月二十九日〉と閉じる。それだけではない、三浦朱門が描いたビールグラスの泡に矢印で「これはイボがある」と添えた絵に、「これがほんとのぼうし」と真似した絵を入れ「齋木尚美」と書いた落書きまで入る。そのとき尚美さん一〇歳。「私は価値がわからず落書きしちゃったんですよ」とすまなさそうだが、それを許す作家連もいい。これは文学館に飾られるべき逸品ではないか。

毎年十二月三一日は、大晦日にここで年を越そうと常連が集まるようになった。ある年私も顔を出すとカウンターに立松和平さんが座られていて、顔見知りになっていた私が挨拶するとクニさんは「え、知り合いなの、じゃここで対談してよ」と言い出し二人で苦笑したことがあった。

立松さんはこの近所にお住まいでよく来られ、年長のクニさんは「わっぺい、わっぺい」と弟のようにしていた。急逝された数日後に私が行くと、「……わっぺいは……」と言ったきり目を潤ませた。

平成二二（二〇一〇）年三月、すでにいくつか居酒屋の本を書いていた私は、総集編となる『居酒屋百名山』の刊行を期し、費用すべて著者持ちの出版記念会を「さいき」の二階で開いた。二間続けて二五名、クニさんに「床が抜けないか」と聞くと「たぶん大丈夫でしょう」と笑っていた。仕事で世話になっている各出版社の方を中心に、椎名誠、嵐山光三郎、東海林さだお、小澤實、川上弘美、平松洋子などの諸氏に来ていただき、なごやかな会となり、閉会で階段を下りた皆さんが一階の店を良さそうだなあとしばし眺めていたのが印象的だった。

居酒屋には文化を育てる力がある。この店がそれを証明している。

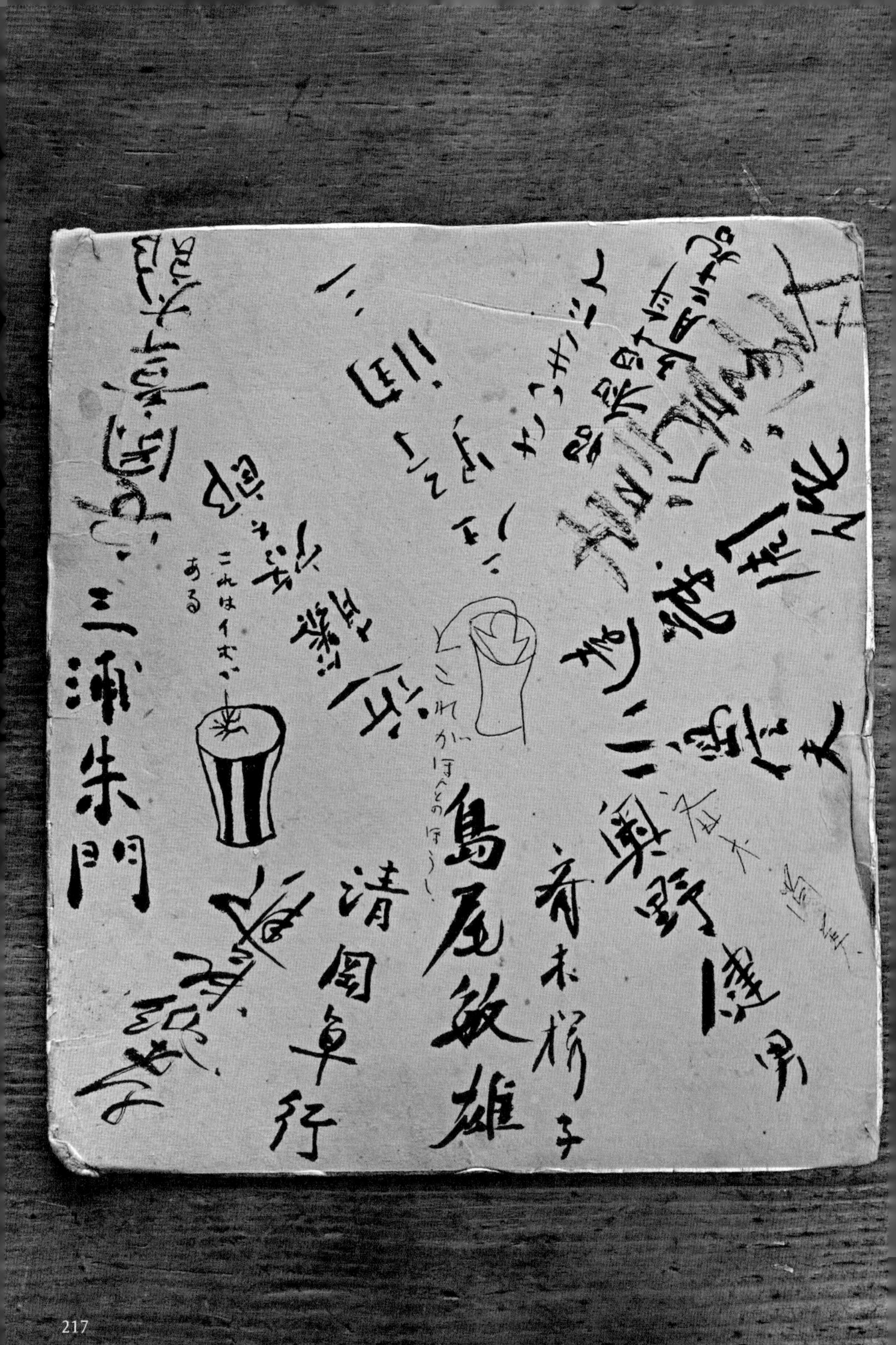
島尾敏雄
清岡卓行
三浦朱門

OUTLINE
店舗概要

FOUNDED — 創業

昭和二三（一九四八）年に創業。当時は明治通りと駒沢通りの交差点で営業していた。二階の席には文豪らが編集者と訪れ、編集会議を行うこともあった。平成一三（二〇〇一）年には「さいき五十周年を祝う会」を開催。

HISTORY — 歴史

もともと木造一軒家の一階が居酒屋、二階が住居だった。恵比寿周辺エリアの再開発や地上げなどの影響で、町の様子はすっ

❶1階の風景
1階奥側からの店内風景。こじんまりとしており、カウンター内は勘定場から厨房へと続く。

❸品書き札
黒板を手で消して書き直す品書き。

❹般若と鬼神の面
店内をにらみつける面。いわれは聞いてないが。

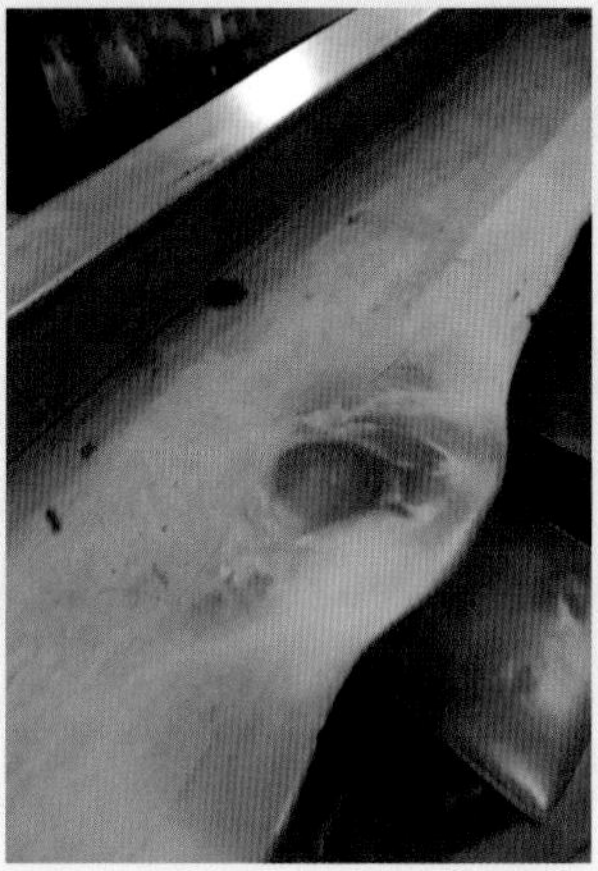

❷カウンター机
年季の入ったカウンターの節のところは人気席。

かり変わってしまい、さいきの木造家屋は際立っている。

CUSTOMER ｜ 客層

会社員、学者、役者などに交じって、現在も二階に色紙が飾ってある島尾敏雄をはじめ、吉行淳之介、安岡章太郎、吉本隆明、遠藤周作といった作家たちが通っていた。

多くの武勇伝を残したという創業の齋木櫻子さん。

FILE

創業	昭和23年／1948年
エリア	東京都渋谷区
創業時の形態	居酒屋
構造	木造2階建て
店主	齋木尚美（3代目）

創業からの歴史が染み込んだ、老舗居酒屋の風格

インテリアデザイナー・高取邦和氏が、店内の照明器具を手がけた。

入って左の特等席。私はたいていここ。

名物の3点お通し。〈刺身・鴨のスモーク・日替わりの小鉢〉で提供されるのが魅力の一つ。

常連のキープ徳利もある。

店内に点在する、さいきの財産と呼ぶべき品々

品書きの黒板の上には扁額がかけられ、江戸の火消し組のまといが浮き彫りされており、町名がならんで記載されている。

アラジン社のブルーフレーム石油ストーブ。昔はこれで暖をとった。

今は懐かしい、コート掛けのフック。

DATA さいき	東京都渋谷区恵比寿西1-7-12 ｜ 03-3461-3367 ｜ 17:00〜23:00, 土・日・祝定休

あとがき

東日本編に続くこの西日本編で『日本居酒屋遺産』は完結した。また、東日本編に間に合わなかった恵比寿「さいき」は補遺としてこちらに載せた。

大分「こつこつ庵」の取材を終えてしばらく後、創業の松本實雄さんは永眠された。この一冊を霊前に捧げたい。

名古屋「大甚本店」の三代目主人・山田弘さんと奥様は、今年三月に高齢引退された。

恵比寿「さいき」の今年五月三一日閉店予定は変わっていない。ぜひ存続してほしい。

ともに遺産候補としていた八戸「ばんや」、奈良「蔵」は取材を固辞され、掲載できなかった。

京都「神馬」、那覇「うりずん」は、上野敏彦著『神馬――京都・西陣の酒場日乗』『沖縄戦と琉球泡盛――百年古酒の誓い』がたいへん参考になった。

東日本編の八重洲「ふくべ」は、取材終了後すぐに改築となり、翌年暮れに再開。古カウンターなどを再活用した店内は前店のおもかげをよく残し、ぱっとしなかった外観は黒一色に「ふくべ＝瓢箪」を描いてすっかり垢抜けた。

＊

東日本編あとがきに〈東日本の古い居酒屋の特徴は、風雪に耐える堅固な建物、いちど入った客が長時間を過ごせる居心地、地元の産物を使った質素な肴〉と書いた。

では西日本はどうか。

思うに、東日本にくらべ、立地、建物、酒肴、主張、信条に、主人の個性がつよく現れ、類する店がないところが特徴だ。東日本は風土が作り出した遺産と言えるが、西日本は店の個性が作り出した遺産だ。本文筆致も創業者など人物に重きがおかれてゆき、それが店の物語となった。東日本は風土的、西日本は個性的、と言えるかもしれない。

＊

平成三〇（二〇一八）年三月、文化庁から「平成三十年度文化庁長官表彰」を受けた。名簿によると様々な分野の個人八六件・団体三件の被表彰者のうち、私の主要経歴は〈グラフィックデザイナー・居酒屋探訪家〉。功績概要は〈永年にわたり、日本の食文化について独自の視点による著述活動を通じて食文化の発展に寄与し、我が国の文化芸術の振興に多大な貢献をしている〉とある。

文部科学省の表彰式で表彰状を手渡され、簡単な立食茶話会になり、職員の方が「おめでとうございます」と声をかけてくれ、ちょうど良いと質問した。

「私の表彰理由は何でしょう?」

「もちろん、居酒屋を通した食文化への寄与です」

はは あ、やっぱりお堅い功績概要に「居酒屋」の字は入れたくなかったのだろう。

そして考えた。ありがたいことだが、私はそんな文化庁表彰されるようなことはしていない。長い間、居酒屋を訪ねて書いてきたのは個人的漫遊記だ。しかしそれを通して、居酒屋は酒肴のみでは語れず、古くから続く店はその地になくてはならない存在になっていると知った。その歴史と理由を探って記録することが、この表彰に応えることではないかと。

企画書を作り、いくつかの出版社をまわったが、編集者の答はみな「これは良い企画ですね、完成を楽しみにしています」だった。

三年前、京都「赤垣屋」にやや遅く一人で入ったが満席で、カウンター奥に椅子を置いてもらい腰をおろした。それを見てか小上がりにいた女性二人が立ち上がり「ここ空きました」と告げ、さらに一人が「太田和彦さんですね、いつもご著書拝見しています」と言ってくれ、いただいた名刺は〈出版編集企画　モーグリーン社〉とあった。

帰京して数日後、持ち回っていた企画書を出すとすぐ「うちでやらせてください、版元は探します」とお言葉が。

しかし、店の許可をとり、日本中を取材してインタビューし、記録し、事実を確認し、店内を隅々まで撮影の仕事は、はたして続くだろうか。計画を練り、最小限の人員、予算でそろそろとスタート、強行軍の日々が続いた。

それがここに実った。

上下巻を出版してくれたトゥーヴァージンズ社、粘り強くサポートしてくれた編集のモーグリーン社、掲載を快諾、協力してくれた二六店、すべての皆様に心よりお礼申し上げます。肩の荷をおろした気持ちです。

二〇二三年六月　太田和彦

参考文献

・『神馬——京都・西陣の酒場日乗』
（上野敏彦著、新宿書房、2014）

・『沖縄戦と琉球泡盛——百年古酒の誓い』
（上野敏彦著、明石書店、2022）

文・イラスト：
太田和彦

企画・クリエイティブディレクション・編集：
溝口加奈（Mo-Green Co.,Ltd）

写真：
小尾淳介

編集：
浅見英治（TWO VIRGINS）
須藤亮、木村慶、桑本薫平、
渡来大、脇坂かおり（Mo-Green Co.,Ltd）

デザイン：
會澤明香、松本夏芽（Mo-Green Co.,Ltd）

日本居酒屋遺産　西日本編

2023年6月30日　初版第1刷　発行

著者　　太田和彦

executive producer　Blue Jay Way

発行者　後藤佑介
発行所　株式会社トゥーヴァージンズ
〒102-0073
東京都千代田区九段北4-1-3
電話：(03)5212-7442　FAX：(03)5212-7889
https://www.twovirgins.jp/
印刷所　株式会社シナノ

JASRAC 出 2303805-301
ISBN　978-4-910352-57-2